# André Jaeger

# Highlights
## der europäisch-asiatischen Küche

# High lights

der europäisch asiatischen Küche

Die Originalausgabe erschien unter dem Titel
»La Cuisine du Bonheur – Rezepte aus der Fischerzunft«.

Überarbeitete und aktualisierte Ausgabe 2008

© 2008 Nikol Verlagsgesellschaft mbH & Co. KG, Hamburg
© 1990 Johann Willsberger/André Jaeger, Schaffhausen

Konzeption und Gestaltung: Johann Willsberger
Covergestaltung: Thomas Jarzina, Holzkirchen
Printed in Italy

ISBN: 978-3-86820-000-3

www.nikol-verlag.de

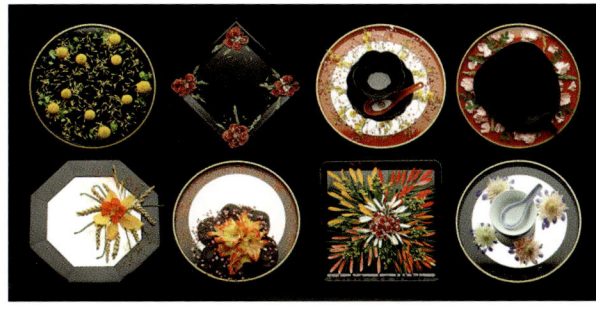

André Jaeger

6

Restaurant und Küche der Fischerzunft

8

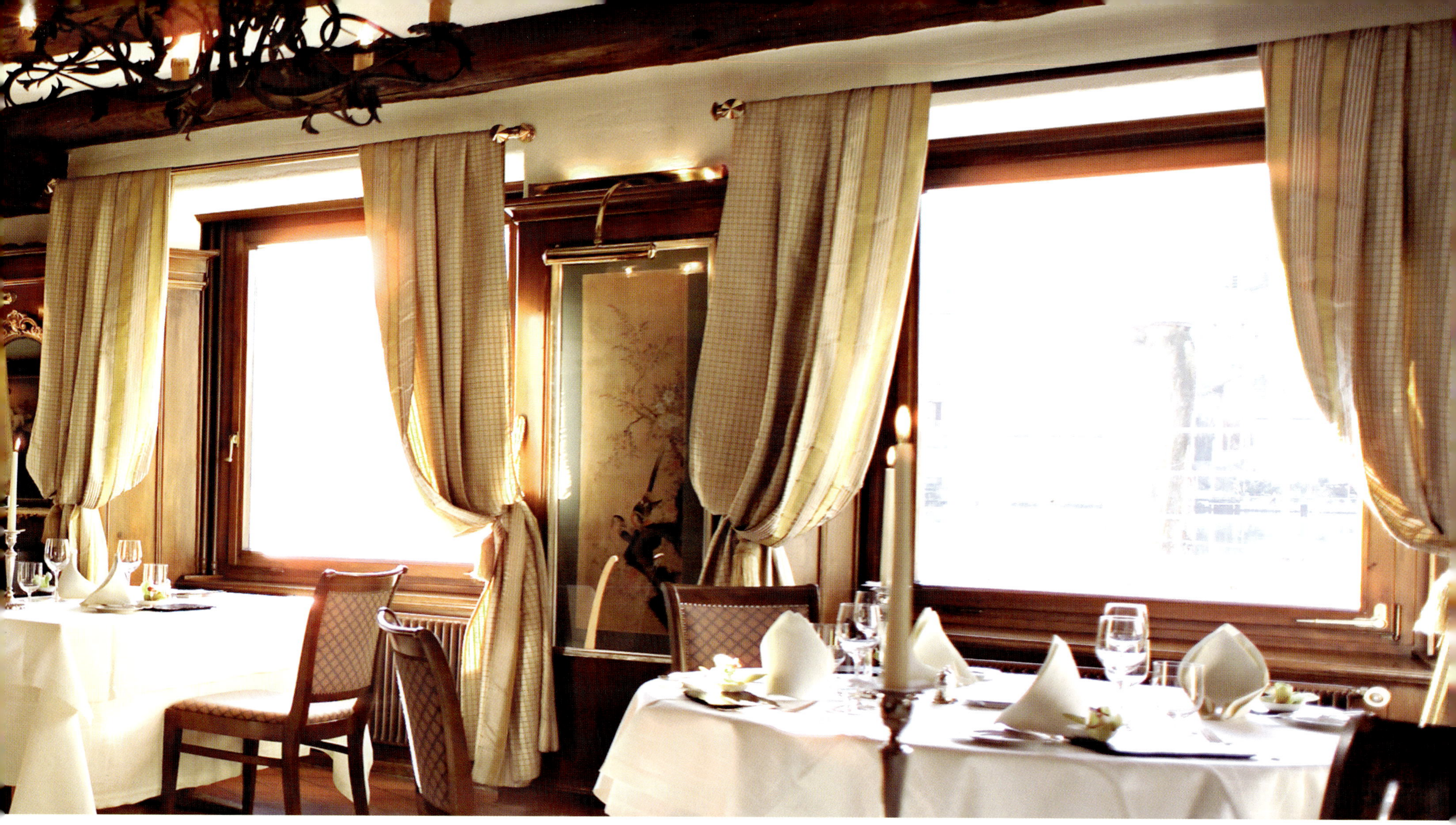

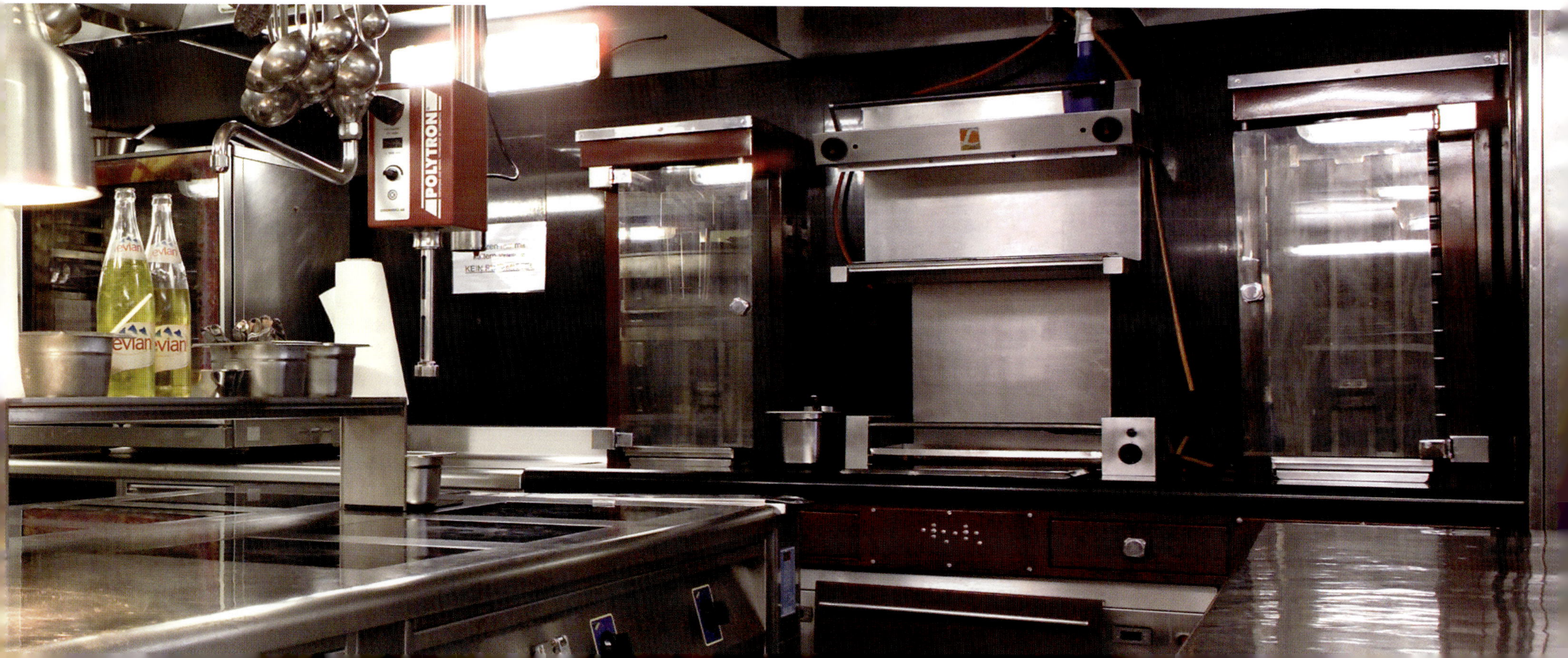
POLYTRON
evian
evian

André Jaegers Geschichte hat zwei Anfänge. Einer ist natürlich in der Schweiz, in Ruemikon, wo er geboren wurde und seine Eltern einen Landgasthof betrieben. Nicht irgendeinen, Jules Jaeger war weit über den Ort hinaus bekannt für seine wunderbaren Rheinfische und andere Schweizer Spezialitäten. »Als noch keiner so recht wußte, wie gut Fisch schmecken kann«, sagt sein Sohn, »bereitete mein Vater ihn schon fast avantgardistisch zu.« Viel Geld war damit in jenen Jahren nicht zu verdienen, Jules Jaeger aber ließ sich nicht beirren. Die Eltern arbeiteten hart, »doppelt lange Tage«, doch immer, sagt André, »waren wir eine glückliche Familie«. So gern, wie er an die Kinderzeit zurückdenkt, verwundert es nicht, dass er schon als kleiner Junge nur eins werden wollte: Koch. Seine Eltern unterstützten diesen Wunsch nach Kräften.

Der zweite Anfang der Jaeger-Geschichte ist exotischer und mindestens ebenso folgenreich. Er spielt eine halbe Welt entfernt vom Rhein an der Küste Südchinas, in Hongkong. Da schlendert vor vielen Jahren der frisch aus der Schweiz importierte André Jaeger über die Märkte der Kronkolonie und fällt von einer Begeisterung in die andere – äußerlich selbstverständlich zurückhaltend, wie es seine Art ist und sich ziemt für einen 25 Jahre jungen Mann in der verantwortungsvollen Position des Food-&-Beverage-Managers im berühmten Peninsula-Hotel.

Jaeger ist berauscht von der Fülle an den dichtgedrängten Ständen – bunte Fische, Krebse, Muscheln in allen Formen, vielerlei Salate und Gemüse, Bambussprossen, Sojabohnen, Lemon Grass, Koriander, Chilischoten, Tee, Enten, Hühner. Eine Schatzkammer aller Düfte, Aromen, Delikatessen Ostasiens.

Und was die Köche daraus machen! Jaeger erlebt es am einfachen Straßengrill, im geschäftigen Dim-Sum-Restaurant, im exklusiven Club, der noch Gerichte des kaiserlichen Hofs serviert, und bei den Eltern seiner späteren Frau Doreen Song. Eine bescheidene kleine Chinesin steht da am Herd, Ah-Chao, und zaubert in ihren schwarzgebrannten Eisen-Woks täglich neue Genüsse für Familie und Gäste. Noch nie hat sie Fleisch gegessen, und doch gelingt ihr jede Fleischspezialität. Wie sie abschmeckt? »Mit der Nase.«

Nicht nur die Kochweisen der chinesischen Provinzen faszinieren Jaeger, er lernt auch die leichten Köstlichkeiten der japanischen Meister kennen und die würzigen Wunder der thailändischen Küche. Sie alle bedeuten für ihn weit mehr als nur eine Bereicherung der Ess-Erfahrung. Über sie findet er den sinnlichen Zugang zu den ostasiatischen Kulturen, deren Symbole, Werte und Erkenntnisse etwa in einem als Chrysanthemen angerichteten Fugu-Fisch ebenso Gestalt gewinnen wie in einer chinesischen Tuschzeichnung oder einem japanischen Haiku-Gedicht.

Die östliche Art des Sehens, Fühlens, Denkens wird ein Teil seines Lebens. Und als Jaeger beginnt, in Hongkong Rezepte zu studieren, geschieht das nicht mit der Absicht, sie eines Tages in der fernen

Schaffhauser Fischerzunft als exotische Sensatiönchen zwischen Gänseleber und Loup auf die Karte zu setzen. Es geschieht in der erst vagen, bald sehr bestimmten Hoffnung, den kulinarischen Geist des Ostens mit den Errungenschaften der besten westlichen Küche verbinden zu können. »Ost ist Ost, und West ist West, und nie werden die beiden zusammenkommen«, schrieb Rudyard Kipling in seinem berühmten Gedicht – um dieses Vorurteil in den folgenden Versen zu widerlegen. André Jaeger widerlegt es in Küche und Restaurant.

So erzählt, klingt die Geschichte sehr folgerichtig und selbstverständlich. Aber viele Köche gehen ins Ausland, auch nach Asien, und sie kommen nicht zurück mit einer ungewöhnlichen Idee im Kopf, einer riskanten noch dazu. Dafür braucht es schon ein besonderes Temperament: mit der Neugier auf unbekannte Eindrücke – nicht nur die zwischen Kühlschrank und Abzugshaube; mit der Liebe zu reinen Naturprodukten; mit der Lust, schöne Dinge zusammenzuführen, wie Jaeger es nennt; mit dem seltenen Talent, sich in einem perfekt beherrschten Beruf jeden Tag wieder auf Abenteuerreise in unerschlossene Geschmacksgebiete zu wagen. Und dafür braucht es vor allem jenes beglückende Gefühl der Wahlverwandtschaft, das man verspürt, wenn andere verwirklichen, wovon man selber geträumt hat.

Eine Kiste mit frischem Senfgemüse wird in die blitzblanke Küche der Fischerzunft in Schaffhausen getragen. Jaeger fühlt, riecht, zupft ein bisschen, fünf Minuten später sind die saftigen grünen Blätter würziges Element eines Salates mit warmem Bries und Totentrompeten. Eingebung des Augenblicks,

wahrscheinlich wird der Salat so nie auf der Karte stehen, aber das kleine Spiel ist typisch für Jaegers Freude am spontanen Kombinieren und Ausprobieren. Die alten chinesischen Küchenmeister konnten der Legende nach aus drei Zutaten tausend verschiedene Rezepte bereiten. Auf diesen Rekord ist Jaeger nicht aus, doch aus Produkt und Phantasie etwas Neues zu schaffen, das ist seine Sache. Da lockt zum Beispiel der Reiz des Gegensatzes. Nicht zufällig zeigt die Speisekarte der Fischerzunft das Yin-Yang-Symbol, die sich zum Kreis vereinenden Zeichen des Weiblichen und Männlichen (Restaurant-gerecht in Fischform). In Harmonie verwandelter Widerspruch, dieses Thema der östlichen Kultur und ihrer Küche taucht bei André Jaeger immer auf, als wohlschmeckender Kontrast von süß und sauer oder hart und weich oder kühl und warm.

Ein anderes Leitmotiv ist die Transparenz, ein Ziel, das die moderne europäische und die asiatische Kochkunst verbindet. Zart und elegant will Jaeger die Gerichte, fern jeder Schwere und Beschwernis, klare Strukturen sollen sie haben, Simplizität, die Geschmäcker dürfen sich nicht einbrennen, sollen sich

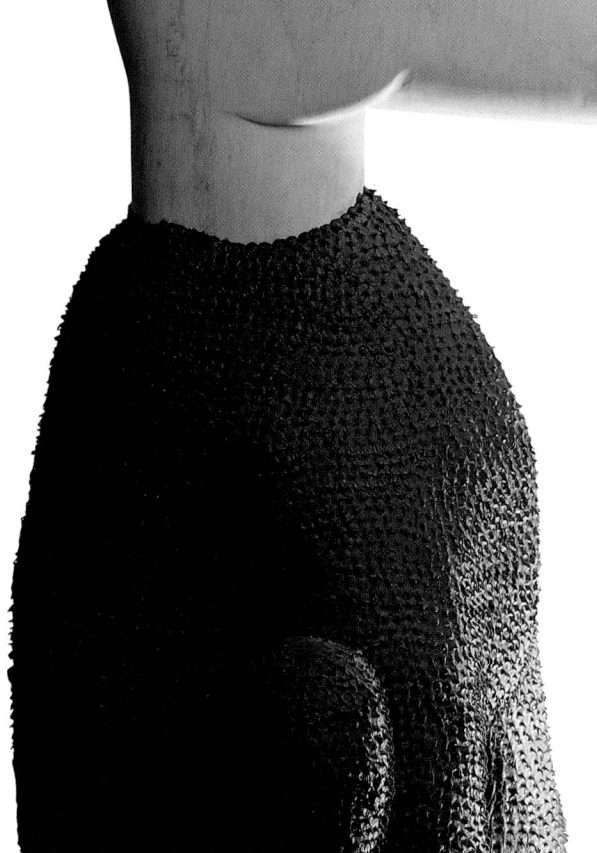

*Der »Vip«, ein Fabelwesen aus dem italienischen Märchen, steht im Fischerzunft-Restaurant. Eine Skulptur von Kurt Bruckner.*

auf natürliche Art erschließen. Das erfordert behutsamen Umgang mit den Materialien – und große Strenge.

Das Wort mutet überraschend ernst an aus dem Mund des freundlichen André Jaeger, wie ein Stückchen scharfer Ingwer in einem milden Gericht, und er meint es auch so. Fast alle seine Rezepte, so verschwenderisch genussreich sie auf dem Teller sind, werden in der Entstehung von Disziplin und Selbstbeschränkung geprägt – wie die Bilder der japanischen Maler, denen ein Strich genügt, um einen Berg, ein Schilfrohr, um einen See zu zeigen. Strenge, das heißt, verändere und vermenge ein Produkt nicht stärker, als es für den Erfolg des Rezepts unbedingt sein muß. Das heißt auch: Zurückhaltung bei Garzeiten, Reduzierung der Menge, lieber einem einzigen Element zu seinem Recht verhelfen, als es neben vielen anderen verblassen zu lassen.

Eine Form von Strenge ist auch die Aufmerksamkeit, die Jaegers Rezepte noch dem scheinbar nebensächlichsten Detail widmen. Erst die Sorgfalt, die dem Kleinsten zuteil wird, garantiert die Qualität des Ganzen. Wer dem Herrn der Fischerzunft einmal bei der Arbeit zugesehen hat, weiß, dass das bei ihm auch für jeden routinierten Handgriff gilt. Wer wie er Kräuter schneidet, einen Fisch filiert, das verrät den untrüglichen Sinn für das Produkt und den Respekt vor seinen Eigenschaften.

André Jaegers Rezepte der *Cuisine du Bonheur* sind lauter kleine Erleuchtungen, jedes birgt eine Überraschung – ob es Nudeln sind, die durch Tee eine aparte Note gewinnen, oder Langusten als Rouladen, ob es die scheinbar so bekannte Frühlingsrolle ist, deren köstlicher Kern sich als Thunfisch entpuppt, oder der Hecht, der in der Fritteuse zu einem Leckerbissen wird, den man von Maul bis Schwanz mit Haut und Gräten verspeisen kann.

Dass Jaeger seine besten Rezepte jetzt den Freunden der Fischerzunft und ihrer unverwechselbaren Küche in Foto und Text zugänglich macht, ist auch Zeichen eines Einschnitts in der Geschichte von Koch und Restaurant, Jaegers Arbeit ist akzeptiert, seine Wagnisse, Erfindungen, Anregungen sind Teil der europäischen Kochkunst geworden. Bis dahin aber war es wahrlich kein leichter Weg.

»Wir haben uns von den Konventionen gelöst«, sagt Jaeger, »und das bedeutet immer, die Gäste mit viel Geduld zum Neuen hinzuführen.« Mitte der achtziger Jahre ersetzte er in dem vom Vater gekauften Haus allmählich die Nouvelle-Cuisine-Gerichte durch seine asiatischen Inspirationen. Ohne seine Frau Doreen hätte er den Mut vielleicht nicht gehabt, gemeinsam diskutierten und probierten sie, munterten einander auf, teilten an manchen Tagen das Heimweh nach Hongkong.

Für die östlichen Veränderungen auf der Karte gab es zunächst außer Beifall auch Befremden. Wir Gäste sind ja Gewohnheitstiere, wir wollen eigentlich alles erst einmal so, wie wir es kennen, und wir essen nicht anders, als wir meistens denken: fein säuberlich nach Abteilungen getrennt. China ist China, und Gänseleber ist Gänseleber. Wenn sich China in Form von Sesamsamen auf der Gänseleber findet, sind wir verwirrt. Und da wir Verunsicherung nicht mögen, sind wir nur allzuleicht versucht, dem Koch die Schuld zuzuschieben und nicht der eigenen Phantasielosigkeit.

André Jaeger und sein Team sorgten mit unerschütterlicher Freundlichkeit dafür, dass ihre Gäste der Versuchung nicht nachgaben und statt dessen ihre Geschmackswelt erweiterten. Jaeger ist nicht nur ein großer Koch, sondern auch ein guter Lehrer. Was bedeutet, dass er einen nie merken läßt, dass man etwas lernt. Man genießt – und stellt erst lange nach dem Essen fest, dass einem etliche Geschmacks-Lichter aufgegangen sind.

Wie viele gute Diners in erstklassigen Restaurants sind uns als nicht mehr als das, fehlerlose Menüs eben, im Gedächtnis geblieben. Jaeger schafft es, dass wir uns an jede Aroma-Sensation, jede ungewöhnliche Zubereitung (ach, der Teegeschmack der geräucherten Entenbrust...) erinnern. »Ich will meine Gäste erstaunen«, sagt Jaeger, und es gelingt ihm wunderbarerweise immer wieder.

Die Atmosphäre der Fischerzunft trägt zum Gelingen bei. Mit den dunklen Balken, dem Kamin, den Wappen der alten Zunftmitglieder an den Wänden hat das Haus den soliden Charme eines Schweizer Gasthauses bewahrt. Die Blumen-Arrangements, die sparsam verteilten Kunstgegenstände, die das sichere Stilgefühl des Hausherrn spüren lassen, bereichern die Tradition um das angemessene Quantum Weltläufigkeit.

Das Auffälligste in der Fischerzunft aber ist die Ruhe. Aufmerksam, doch ohne jede Hektik beweisen die Frauen und Männer des Service ihre Gastfreundlichkeit und Fachkenntnis. Unter den Köchen, von denen einige seit Jahren in der Fischerzunft arbeiten, gibt es kaum je ein lautes Wort. So prägt der Chef die Atmosphäre. »Ich transformiere Stress in Ruhe«, sagt Jaeger. Ist das schweizerisches Erbe? Ist das ein Nachklang der asiatischen Kultur der Stille?

In jedem Fall ist es die Richtung für alle, die Jaegers Rezepte aus der Fischerzunft zu Hause zubereiten möchten. Sie sind aus der stillen Freude an der Schönheit und Sinnlichkeit natürlicher Produkte entstanden, und sie werden am besten gelingen, wenn man sich mit eben dieser Freude an die Arbeit macht. Ganz ruhig. Wie schreibt der Zen-Meister Gibbon Sengai (1750–1837): »Weiße Rüben und Zen-Mönche sind am besten, wenn sie gut am Boden sitzen.« Köche, im übertragenen Sinne, auch.

*Hans Heinrich Ziemann*

## Große Küche, kleiner Aufwand.

*Ein eiserner Wok und eine schlichte Siebkelle genügen für eine sensationelle Zubereitung: wenn das Öl zum Frittieren erstklassig ist – und die in feine Nudeln gehüllte Langustine superfrisch.*

## Von Kult und Kochen.

Zur großen Küche gehören gute Messer. Der vollendete Schnitt und die perfekte Klinge sind in Japan Kult. Für viele Zutaten und Zubereitungen gibt es spezielle Messer und Schnitt-Techniken, die mithelfen sollen, das Ziel allen Kochens zu erreichen: Aroma und Geschmack jeden Produkts optimal zur Geltung zu bringen. Die Suche nach der besten Methode ist für den kreativen Koch nie zu Ende. Egal, ob Fisch zu filieren, Pilze zu braten, Gemüse zu marinieren oder Reis und Nudeln zu kochen sind.

## Ex oriente lux.

*Chinas Küchen, die sich von Region zu Region stark unterscheiden, haben mich fasziniert, ihnen verdanke ich viele der Inspirationen und Ideen, die meinen Kochstil prägen. Als ich vor Jahren nach Asien kam, haben mich die Fülle der Aromen, die anderen Kochtechniken, die Vielfalt der Produkte überwältigt, der Markt von Hongkong war für mich damals die Schatzkammer aller Delikatessen. Damals, das war, als meine Schwiegermutter Rebecca Soong ihrer Köchin Ah-Chao den Auftrag gab, bei jedem meiner Besuche ein neues, mir unbekanntes Gericht zu kochen. Die Chinesin zauberte aus dem morgendlichen Markteinkauf perfekte Gerichte, vom einfachsten Essen bis zum raffinierten Menü. Ah-Chao hat mich beeindruckt, und sie hat meine Lust geweckt, kulinarische Welten neu zu entdecken: die Kochkunst Japans und die Spezialitäten der Thai-Küche, aber auch die Traditionen der Grande Cuisine und die Wurzeln meiner Schweizer Heimat-Küche.*

## Glück mit Gelb.

In allen asiatischen Kulturen war Gelb die Farbe der Glückseligkeit, des Ruhmes und der Weisheit, im kaiserlichen China stand sie zusätzlich für Macht und Herrschaft. Safrangelbe Gewänder waren dem Volk verboten, nur der Kaiser und buddhistische Mönche durften sie tragen. Quelle allen Gelbs war damals ein teures, rares Gewürz: Safran. Mit ihm färbte man Kleider und Kosmetika, würzte Weine und Speisen. Als Hommage an kaiserliche Zeiten ein Menü in fünf Gängen – alle mit Reis zubereitet.

Parfümreis mit mariniertem Gemüse

Risotto-Cremesüppchen mit Blackbeans-Paste

Riso-Venere-Risotto mit Hotbeans-Paste und Jakobsmuscheln

Entenbrust mit knuspriger Entenleber

Garnelen-Satay mit Tomaten-Safran-Vinaigrette und frittiertem Reis

**Rezepte auf Seite 150/151**

Hummer à la Bouillabaisse in Dashi-Gelee mit Wasabi
und Tempurasauce

*Rezept auf Seite 151*

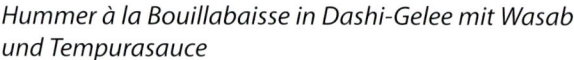

## Aus der Küche der Sinne.

Transparenz und Klarheit kennzeichnen Japans Küche, hinter
scheinbarer Opulenz verbergen sich stets geradlinige Strukturen:
Ein Menü soll die Wünsche der Sinne erfüllen, soll den Körper
entspannen und das Herz freimachen. Solche Ideale symbolisiert die
Bento-Box: In ihren vier »Abteilungen« lässt sich dank vielfältiger
Kombinationen ein Hauch japanischer Ess-Philosophie
vermitteln. Ich fülle die Box am liebsten mit verschiedenen Vorspeisen,
ihre Zusammensetzung wechselt mit den Jahreszeiten. Auf dem
Foto oben habe ich den frittierten Scampi mit einem Dashi-Süppchen
kombiniert, ein fruchtiges Chutney begleitet den marinierten
Lachs, die Nudel-umhüllte Langustine passt zum Sprossensalat und
das Kim-Chee-Gemüse ergänzt die teegeräucherte Wachtel.

## Ein Kraut mit Charakter.

Koriander gehört zu Asiens Kräuter-Favoriten. Das grüne, intensiv duftende Kraut mit seinem frischen, kräftigen Aroma wird zum Beispiel in Thailands Küche so häufig und vielfältig verwendet wie bei uns die Petersilie. Koriander ist kein Newcomer in Europa, schon die alten Küchenmeister fanden Gefallen an seinem herben Geschmack und unverwechselbaren Charakter. Trotzdem war Korianderkraut bei uns über lange Zeit praktisch vergessen, nur die Samen überlebten als Weihnachtsgebäck-Würze. Erst der Siegeszug der Asien- und Orientküche in Mitteleuropa brachte die Korianderblätter zurück in unsere Suppen, Saucen und Salate.

*Gurkenring mit Wachs-Ei und Koriander-Vinaigrette*
*Teegeräucherte Wachtel mit Mango-Chili-Tatar und Koriander*

**Rezepte auf Seite 152**

## Über Curry, Kümmel & Co.

*Very spicy oder weniger hot?*
*Das ist nicht die Frage, wenn es darum geht. Geschmack, Schärfe und manchmal auch Farbe in Gerichte zu mahlen oder zu streuen. Der gekonnte Umgang mit Menge und Mischung von Gewürzen macht den Meister, und nur ein Könner beschert dank seines Fingerspitzengefühls feuerfreie Essfreuden, die einen angenehm anregenden Nachklang auf der Zunge hinterlassen. Klassische Mischungen wie Curry und Five Spice behaupten ihren Platz neben den scharfen Individualisten aus der Chili-Familie. Für neue Noten sorgen Kreuzkümmel aus dem Mörser oder Szechuan-Pfeffer, der durch Anrösten in der Pfanne seine extreme Schärfe verliert. Tandoori liebt Geflügel, und Kurkuma eignet sich bestens zum Backen – nicht nur wegen der intensiv-gelben Farbe. Ein Stäubchen Kurkuma über Bratkartoffeln – und Sie entdecken, wie eine Prise Indien die Geschmackswelt verändern kann.*

*Teriyaki von der Maispoularde*
*mit Pak Choi und Tandoori-Schaum*

*Rezepte auf Seite 153*

31

## Die Würze aus der Flasche.

Essig und Öl spielen in Asiens Küchen wichtige Rollen, begleitet werden sie von vielfältigen Würzsaucen. Sesamöl ist für asiatische Zubereitungen ähnlich charakteristisch wie Olivenöl für italienische. Aber der Umgang mit dem aus gerösteten Sesamsamen gepressten Öl will gelernt sein. Sesamöl hat ein starkes Eigen-aroma, darum besser nicht – wie in manchen Küchen Asien üblich – als Kochfett, sondern nur als Würze verwenden.

Unkomplizierter ist der aroma-tische Shanghai-Essig, der aus Wasser, Klebereis und Salz wie ein Balsamico-Essig hergestellt wird und den man solo als Salatsauce verwenden oder mit Zucker, Ingwer oder Chili variieren kann.

## Dem Fisch verpflichtet.

Direkt vor den Fenstern meines
Restaurants fließt der Rhein,
er bestimmt die Atmosphäre der
Fischerzunft, die den Bewohnern
des hier noch sauberen Flusses
wie Äsche, Hecht, Zander,
Saibling und Forelle ihren Namen
verdankt. Fische aus dem Rhein
haben ihren Platz auf meiner
Speisekarte, nicht alle landen in der
Pfanne, sie werden auch mariniert,
geräuchert oder als Tempura
präsentiert. Manchmal begleitet von
Krebsen aus dem nahen
Nussbaumer See in einem »Pot-au-feu
de luxe«, von mir serviert als
Hommage an die regionale Küche.
Heimische Produkte sind die
Basis, meine Idee war und ist es,
sie mit exotischen Zutaten so
zu kombinieren, dass Geschmacks-
überraschungen auf höchstem
Niveau möglich werden.

*Pot-au-feu vom Rhein*

*Rezept auf Seite 153*

## Flower Power.

*Viele meiner Rezepte entstehen aus der Freude an der Schönheit und Sinnlichkeit natürlicher Produkte. Die Arrangements werden oft von floralen Formen inspiriert, von Blüten neben dem Teller beglei- tet. Für mich sind Blumen eine op- tische Ergänzung des Gerichts – gleichsam eine Fortsetzung des Genusses über den Tellerrand hinaus.*

Orkney-Lachs »Red Label« mit dreierlei
Aromen und Karotten-Ingwer-Reduktion

*Rezept auf Seite 154*

37

## Meine west-östliche Allianz.

*Fundamentalismus in der Küche hat seine guten Seiten. Basis vieler großartiger Gerichte der klassischen Grande Cuisine sind Fonds und Saucen. Das war zu Zeiten meiner Kochlehre so, und die flüssigen Grundelemente der Küche Frankreichs gehören auch heute zu meinem kulinarischen Konzept: Ich möchte die Feinheiten der französischen Küche mit der Finesse orientalisch-asiatischer Geschmacksnuancen so perfekt wie möglich verbinden. So wird der klassische Kalbsfond leichter, wenn ich ihn mit Hoi Sin würzig verfeinere. Drei Saucen aus dem Repertoire der Grande Nation mit östlicher Begleitung beweisen, wie geschmackvoll Europa und Asien harmonieren können.*

*Garnelen-Tatar auf Zucchini mit klassischer Rotwein-Sauce*
*Rinderfilet-Teriyaki mit Sesam und Château-Chalon-Sauce*
*Hummer-Bisque mit Thunfisch und Ingwer*

*Rezepte auf Seite 155*

## Zauberwelt des Geschmacks.

*Das Kochen hat für mich eine strenge und eine spielerische Seite. Die strenge Seite sind die Regeln des Handwerks, das Fundament der Qualität. Die spielerische Seite, das sind die Ideen. Ideen, die sich aus den Möglichkeiten eines Produktes und der Neugier des Kochs ergeben, unter dem Motto »Was wäre wenn…?« Was wäre, wenn ich das Gemüse X mit dem Gemüse Y zusammenbrächte? Was wäre, wenn ich den Fisch nicht dämpfte, sondern briete? Was wäre, wenn ich das Produkt Z einmal als Füllung verwendete? Auf den folgenden Seiten finden Sie typische Gerichte, die aus dem Dialog eines Kochs mit seinen Produkten entstanden sind.*

*Einfach, delikat,
appetitanregend – so stelle
ich mir den Anfang
eines schönen Essens vor.*

*Gefüllte Crevetten
Shiitake-Pilze mit Lammtatar und Wachtelei*

**Rezepte auf Seite 156**

41

Jiavzi-Dreieck

Baozi

Vierfreuden-Jiavzi

Guotie

Crevett

Wonton

Shaomai

Ravioli

Der Besuch eines Dim-Sum-Restaurants ist für mich ein Höhepunkt jeder Asienreise. Wie auf dem Jahrmarkt werden die verschiedenen Dim Sum aufgerufen, dann rollen die Körbchen auf einem Servierwagen durch den Saal. Die leeren Körbchen bleiben auf dem Tisch, für die Abrechnung. Die hat es in sich: Wegen des enormen Aufwands bei der Zubereitung ist Dim Sum ein teures Vergnügen.

*Rezepte auf Seite 156/157*

Die japanische Sashimi-Küche
fasziniert mich durch ihre Vielfalt,
Leichtigkeit und die subtilen
Geschmacksnuancen. Ich kombiniere
gern, wie hier auf dem Holzfächer,
zarten Fisch mit exotischen Gewürzen.

*Sashimi von St-Pierre mit
mariniertem Ingwer,
Soja-Zitronensauce und
Radieschensalat*

**Rezept auf Seite 158**

*Der aufregende Widerspruch
von hart und sanft, in
der Kombination von Ost und
West: Gänseleber mit
Sesamsamen, auf Bananen-
blätter gebettet.*

Sesam-panierte Gänseleber mit
Bananenblütenblätter-Salat und Trüffeln

**Rezept auf Seite 158**

Kalte Nudeln mit Sesamsauce und
knackigen Gurken – das ist
ein Klassiker aus der China-Küche.
Dazu passen Schalentiere (hier
ist es Hummer), Fisch oder Geflügel.

*Hummersalat mit chinesischen Nudeln und Sesam*

**Rezept auf Seite 158**

Der edle Fisch kommt bei dieser einfachen und praktischen Zubereitungsart bestens zur Geltung.

50

*Teriyaki-Spieß vom Lachs*
*mit Bohnensalat und Dashi-Sauce*

**Rezept auf Seite 158**

*Gebratene Entenstopfleber mit Entenlebermousse,*
*Avocado-Coulis und grünem Spargel*

**Rezept auf Seite 159**

*Mein Verhältnis zum Kaviar ist zwiespältig.*
*Ich mag ihn sehr – und kann doch leicht auf ihn verzichten.*
*Wenn er nämlich nur als Dekoration verwendet wird.*
*Lieber esse ich ihn selten, aber dann ausgiebig*
*und in feinster Qualität, zum Beispiel den iranischen*
*»Osietra Imperial«. Oder wie hier Äschenrogen,*
*den es nur im Januar/Februar gibt.*

*Zucchini-Tempura mit Äschenkaviar und Szechuan-Pfeffer*

**Rezept auf Seite 159**

Köstliches im Körbchen:
Dim-Sum-Variationen mit Krebsen
und Langusten.

*Frittierte Krebs-Ravioli mit Chinakohl, Feldsalat und Sesamsauce*
*Gedämpfte Langusten-Ravioli*

**Rezepte auf Seite 160**

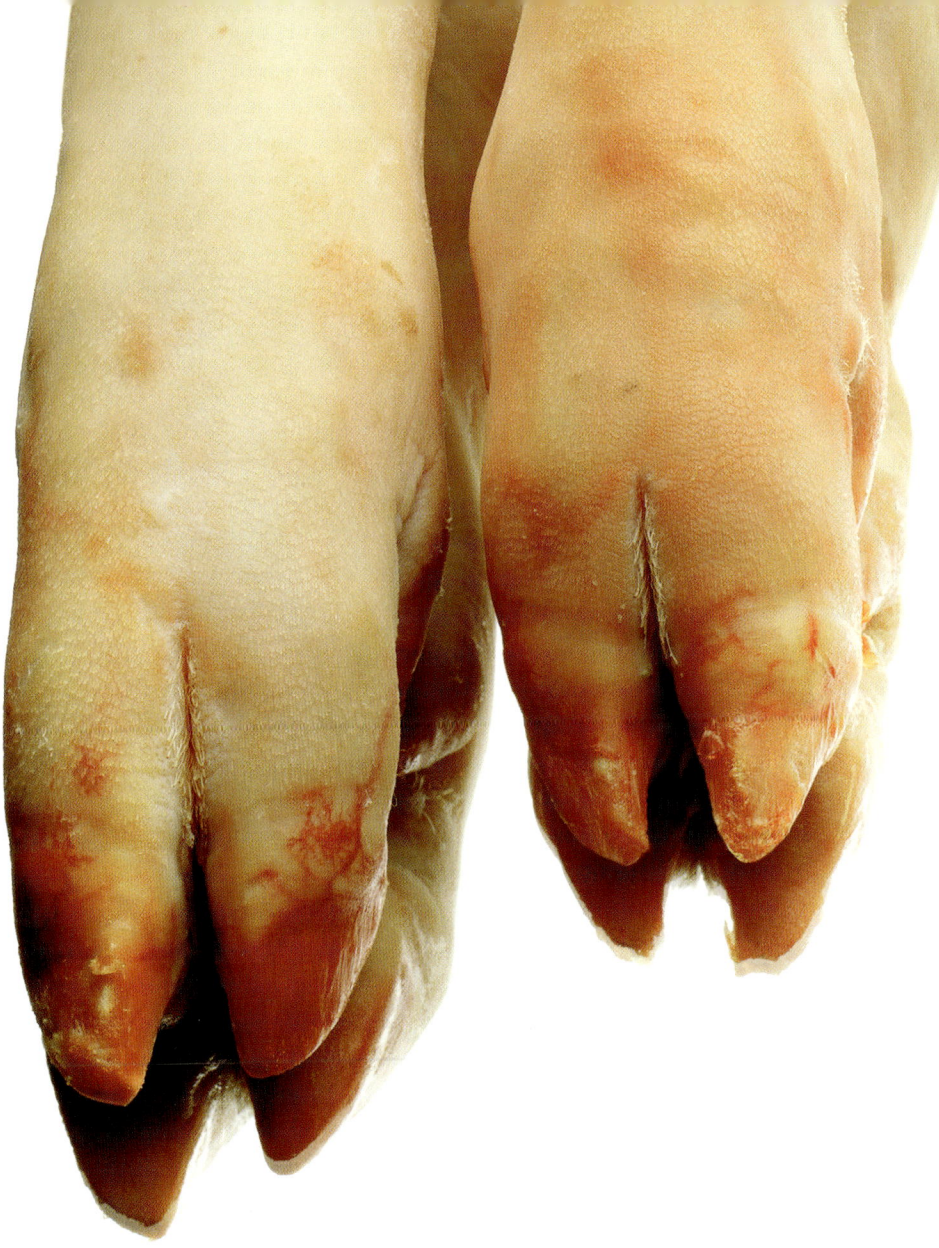

Wer behauptet, Schwein tauge nicht
für die feine Küche, den wird
diese Sülze aus in Soja gegarter Schweineschulter garantiert umstimmen.

*Sülze von der Schweineschulter*
*mit Kartoffelsalat und Wasabi-Sauce*

**Rezept auf Seite 160**

*Dieses Gericht entspricht meinem Ideal von Transparenz: Struktur, Geschmack und Aussehen sind einfach, klar und deutlich. Und ergeben höchsten Genuss.*

*Royale mit Scampi und Koriander*
*Soja-Eier mit Ingwer*

**Rezepte auf Seite 161**

59

Dies ist meine Interpretation des China-Standards Frühlingsrolle: Knuspriges Reisblatt und weicher Fisch sind ein reizvoller Kontrast.

Frühlingsrolle mit Thunfisch, grünem Spargel, Linsensprossen und Soja-Wasabisauce

**Rezept auf Seite 161**

60

Hibachi ist ein Grill oder Ofen. In Japan gibt es ihn in vielen Variationen, als kleinen gusseisernen Grill, als Stövchen aus Schamottstein oder als größeres Modell mit Holzkohlenfeuerung. In der Fischerzunft benutzen wir das Stövchen, es ist ideal für die schonende Zubereitung von Fisch, Langustinen etc. bei relativ niedrigen Temperaturen.

Gefüllter Tintenfisch mit Langustinen

**Rezept auf Seite 162**

63

*Mit Trüffeln halte ich es wie mit Kaviar:*
*Wenn schon, dann bitte richtig*
*und nicht in Mini-Mengen als Dekoration.*
*Bei dieser Essenz mit Eierblumen*
*gibt der Koriander dem Trüffelaroma*
*eine zusätzliche Dimension.*

*Trüffelessenz mit*
*Eierblumen und Koriander*

**Rezept auf Seite 162**

64

*Die wunderschönen
Muschelgehäuse schenkte mir
ein chinesischer Freund.
Das Geheimnis der Suppen,
die ich darin serviere,
sind ihre intensiven Aromen.*

Wenn es draußen heiß ist, sind kalte, leicht exotisch gewürzte Suppen eine willkommene und vielseitige Abwechslung im Menü. Alternativen zur Curry-Consommé wären zum Beispiel eine klare Ochsenschwanzbrühe mit Sternanis oder eine Geflügel-Consommé mit Ingwer.

*Kalte Curry-Consommé mit Hummer, Tomaten, Papaya und Gurken*

**Rezept auf Seite 163**

Die durchlöcherten Kegel, die wie kleine Vulkane aus der Süppchen-See ragen,
sind keine dekorative Laune eines chinesischen Töpfers. Durch die Kegel steigt der Dampf
nach oben, kondensiert am geschlossenen Deckel und schlägt sich im Topf nieder.
Die Folge: ein verblüffend intensives und konzentriertes Aroma.

*Doppeltgebrühte Tauben-Essenz mit Shiitake und Wintergemüse*

**Rezept auf Seite 164**

71

*Klarheit, Transparenz, Harmonie – natürlich ein Gericht im
Geiste Japans. Die frischen, rohen Jakobsmuscheln mit
ihrem wunderbaren, leicht süßlichen Aroma, verbunden mit der
Schärfe des Wasabi und dem versöhnlichen Gemisch
von Soja, Mirin und Sesam sind für mich eine Offenbarung.*

*Jakobsmuscheln mit Sojasauce,
Wasabi und Radieschen*

**Rezept auf Seite 164**

Der optischen Harmonie des Gerichts, bei dem Langustenfühler und Porzellan sich gleichsam zu einem neuen Geschöpf formen, entspricht die Harmonie im Geschmack. Mirin, Karotten und Anis verbinden sich perfekt mit dem Langustenfleisch.

*Kleine Langusten mit Karotten und Anis*

**Rezept auf Seite 165**

Zwei Gerichte mit aparter Note, die sie vor allem den Blackbeans verdanken. Das sind fermentierte Sojabohnen mit strengem Geschmack, zu verwenden wie ein Gewürz – in Orginalform oder als Paste.

*Jakobsmuscheln mit Blackbeans-Gemüse*
*Zanderragout mit Zucchini, Paprika und Blackbeans*

**Rezepte auf Seite 165**

Naturmaterialien, etwa Holz
oder wie hier Bambus,
erhöhen bei der Präsentation
die Sinnlichkeit des Essens.

Pfannengerührte Crevetten
mit getrockneten Tomaten und
Shanghai-Balsamico-Essig

**Rezept auf Seite 165**

Genuß durch Gegensätze: ein knackiges, kühles
Eisbergsalatblatt mit einer weichen,
warmen Füllung. Schnell zubereitet – aber ein
Geschmackserlebnis, an das man sich
lange erinnert. Dazu gibt es ein frittiertes Reisblatt.

*Wildlachs mit Sojabohnensprossen,*
*Bambussprossen und Oystersauce*

**Rezept auf Seite 166**

81

*Die Quintessenz eines frittierten Fisches: knusprig bis in die letzte Gräte,*
*man isst sie mit. Ich esse einen solchen Fisch am liebsten*
*mit der Hand und tunke die Happen in die Wasabi-Mousseline.*

*Knusprig gebackener Hecht mit fünf*
*chinesischen Gewürzen und Wasabi-Mousseline*

**Rezept auf Seite 166**

*Drei lustige, leichte
Vorspeisen, die das Prinzip
der Fischerzunft-Küche
dokumentieren: Respekt
vor dem Produkt,
Anregung durch das Produkt.
Scampi etwa nehmen
Hitze übel, deshalb schone
ich sie – und bewahre
ihre besten Eigenschaften.*

*Scampi mit Sellerie und
Nuss-Sesamcreme*

*Langusten-Roulade mit
Tomaten-Gurkensalat und Koriander*

*Gemüse-Kim-Chee mit Rochenflügel
und Langustinen*

**Rezepte auf Seite 166/167**

*Kohl, Senf, Ingwer – auf den ersten Blick ein merkwürdiges Team. Doch es fügt sich zu einer überraschenden Harmonie. Der Fisch muss nicht unbedingt Steinbutt sein, auch andere magere Fische wie Hecht oder Seeteufel sind geeignet.*

*Steinbutt mit Meaux-Senf, Chinakohl und Ingwer*

**Rezept auf Seite 168**

*Der chinesische Tontopf, auf
Holzkohle oder Gas
erhitzt, leitet Wärme ausgezeichnet
und verteilt sie gleichmäßig.*

*Grillierte Rotbrasse mit Frühlingszwiebeln,
Shiitake und Paprika in Oystersauce*

**Rezept auf Seite 168**

89

Im Teig steckt eine gewöhnliche Ölsardine aus der Dose,
und dass sie da hineinkam, hat mein Bruder zu verantworten.
Er ist Zulieferer für Feinkost und brachte eines Tages
ganz fabelhafte Ölsardinen aus Estland mit, nur leicht gegart und,
was mir neu war, zart geräuchert. Nach allerlei Proben
hatte ich die Idee, die Sardinen zu frittieren. Das bekam ihnen
ausgezeichnet, sie entwickelten einen erstaunlichen Geschmack.

*Tempura von Ölsardinen mit Tomaten-Silberzwiebelsalat*

*Rezept auf Seite 169*

Vor langer Zeit aß ich auf einer Reise durch
die Bretagne in trockenem Weißwein pochierten
Rochen mit Kapern – und war begeistert.
Seitdem ist der Rochen mein Lieblingsfisch.

Rochenflügel mit Zimtnudeln und Forellen-Croûtons
Gebratene Rochenflügel mit kleinem Gemüse und Kwang-Tung-Cremesauce
Frittierte Rochenflügel-Streifen auf Tomaten-Papaya-Currysalat

*Rezepte auf Seite 169*

93

*Drei Edelfische, die sich gut zum
Braten und Grillieren eignen. Curry, Sojasauce und chinesische Gewürze
geben dem Fisch exotische Aromen.*

Grillierter Loup de mer mit fünf chinesischen Gewürzen,
Reisnudeln, Bohnen und Blackbeans-Sauce

Knuspriger Steinbutt auf Muskatbutter mit Sojabohnensprossen
und Bohnenstreifen

Grillierter Lachs mit Frühlingszwiebeln und Paprikasauce

**Rezepte auf Seite 170**

Im Dampfkorb gegarter Fisch ist ein klassisches Rezept der kantonesischen Küche. Besonderes Kennzeichen: Der Fisch bleibt saftig und liefert sogar noch Saft für das Gericht.

*Dorade cantonaise*

**Rezept auf Seite 170**

*Zandergratin mit chinesischen*
*Kräutern und Gemüsereis*

**Rezept auf Seite 171**

*Auf chinesischem Geschirr serviert ein eher*
*klassisches Gericht, das durch Minze, Zitronengras*
*und Koriander neue Nuancen bekommt.*

Ein umweltfreundliches Gericht, denn man kann die Verpackung mitessen…
Die Reisblatt-Hülle speichert die Aromen, damit Sie sie beim Öffnen in höchster Intensität genießen können.

*St-Pierre-Papillote mit Parfümreis und Hoi-Sin-Cremesauce*

**Rezept auf Seite 171**

Die Asiaten sind Meister im Frittieren. Mit ausgeklügelten Methoden erreichen sie selbst bei heikelsten Produkten verblüffende Ergebnisse. Bei diesem Loup wird durch das Einschneiden jedes kleine Stückchen knusprig, ohne innen trocken zu geraten.

*Frittierter Loup de mer mit fünf chinesischen Gewürzen, Wintermelonengemüse und Lilienblüten*

**Rezept auf Seite 172**

*Tee schmeckt nicht nur aus der Tasse,*
*sondern auch als Gewürz.*
*Für mich ist es aufregend, das herbe,*
*rauchige Aroma in eine andere*
*Geschmacksebene zu transponieren,*
*wie hier in den Kalbsjus.*

*Kalbsbries mit Teejus und Pilzragout*

**Rezept auf Seite 172**

*In meiner Küche spielen Gemüse eine
wichtige Rolle, fast immer sind sie
mehr als nur Beilagen, nämlich Bestandteile
der Gerichte mit ebenso großem
Stellenwert wie Fisch oder Fleisch.
Geschmack und Konsistenz werden durch
die Gemüse mitgetragen, oft
können sie Aromen intensivieren.*

Gemüse-Tempura mit Wasabi-Mousseline
Gemischte Gemüse auf kantonesische Art
Zucchini mit getrockneten Tomaten und Blackbeans

*Rezepte auf Seite 172/173*

107

Das Pak-Choi-Gemüse aus
China verwende ich gerne
in meiner Küche. Es schmeckt
gut, ist knackig und saftig.
Es passt nicht nur zur Wachtel,
sondern auch zu Fisch.

*Teegeräucherte
Wachtelbrüste mit
Hoi Sin auf Salat
von Pak Choi,
Sojabohnensprossen,
Morcheln und Pfifferlingen*

**Rezept auf Seite 173**

Zwei Gerichte für ein Familienessen. Man kann sie gut vorbereiten und dann in kurzer Zeit fertigstellen. Eine Krönung ist der gekochte, getrocknete und frittierte Reis.

*Malabar mit Parfümreis, kleinem Gemüse in Shao-Xing-Wein und Reiskruste*

*Feuilleté von Kalbsfilet, Kalbsbries und Entenstopfleber mit Wurzelgemüse und Hoi-Sin-Jus*

**Rezepte auf Seite 173/174**

Wieder einmal hatte ich das Mittagessen versäumt, streifte nach getaner Arbeit auf der Suche nach etwas Essbarem durch die aufgeräumte Küche.

Der Suppentopf war meine Rettung. Darin köcheln regelmäßig Hühner vor sich hin, um den Nachschub an exzellenter Hühnerbrühe – die Sie durch das ganze Buch »verfolgt« – zu sichern.

Ich holte mir zwei Pouletbrüstchen aus der Brühe und griff, um sie zu würzen, zum Glas, das am nächsten stand. Es war zufällig marinierter Ingwer, und ich erlebte eine geschmackliche Sensation.

*Bresse-Hühnchen mit süßem Ingwer
auf Reis und Orangen-Sojasauce*

***Rezept auf Seite 174***

113

Wild ist für mich eine willkommene Abwechslung bei den Fleisch-Rezepten, und das gerade nicht im Herbst, wie die Tradition es will, sondern im späten Frühjahr und im Sommer. Nur dann hat zum Beispiel Reh den milden Geschmack, den ich für meine Rezepte brauche.

Reh-Carpaccio mit Avocado,
Wachtelei und Senfsauce

Rehrückensteak mit Pilzrisotto und Ingwer

**Rezepte auf Seite 175**

*Reh pur: Das Fleisch wird in der Servierschale mit heißer Brühe übergossen und auf diese Art kurz und sanft gegart.*

*Pot-au-feu vom Rehrücken*

**Rezept auf Seite 175**

Mariniert und blitzschnell auf dem Grill erwärmt – für diese spielerische Zubereitung eignet sich nur allerbestes Fleisch. Wir verwenden US- und Schweizer Natura-Beef. Mit solchen Qualitäten, um die sich immer mehr Züchter bemühen, machen Fleisch-Rezepte wieder Spaß.

*Teriyaki-Steak mit Mark-Tempura und pikanter Sauce*

**Rezept auf Seite 176**

119

Im Kochwasser saugen sich die Nudeln mit Tee-Aroma voll.
Ich nehme hier Schwarztee, aber wenn Sie wollen,
können sie auch mit Minze, Hagebutte oder Eisenkraut
neue Sinnenfreuden entdecken.

*Gebratene Toskana-Taube
mit Teenudeln*

**Rezept Seite auf 176**

Geschmorte Zickleinkeule mit Lauch,
Ingwer und Shiitake

**Rezept auf Seite 176**

Bei diesem »chinesischen Brasato« wird das Zicklein bei niedriger Temperatur lange geschmort, so dass sich Bratensaft und Sojasauce optimal verbinden können.

Vor Jahren habe ich mich entschlossen,
anstelle einer großen Käseauswahl
ein einziges Käsegericht in unseren Menüs
anzubieten. Es wird aus immer anderen
Käsesorten gemacht. Die sechs Beispiele zeigen,
wie vielfältig die Möglichkeiten sind.

Brie in Chinakohl

Grappa-Kartoffeln
mit Taleggio

Tomme mit drei Aromen

Blätterteiggebäck mit
Wasabi-Mousse
und Waadtländer Tomme

Emmentaler Toast mit Wachtelei

Stilton mit Portweingelee und Käsekugeln

*Rezepte auf Seite 177/178*

125

*Für den farbenfrohen Schlusspunkt
des Menüs nehme ich am
liebsten Früchte – besondere Exoten,
die ersten Mandarinen oder
die ersten Beeren, je nach Saison.*

126

Birnen-Charlotte mit Schokolade und Zimtbirnen

Passionsfrucht-Parfait

Schokoladenbuchteln mit Gewürzpflaumen

Kastanien-Mousse mit Kaki, Zimtnudeln und Honigeis

Frittierte Bananen mit Lychee-Sorbet und Vanillesahne

Apfel-Pasteten mit gebrannter Creme
und Stracciatella-Eis

*Rezepte auf Seite 179 -181*

Statt einer großen Torte
mit Kerzen überrasche
ich die Gäste, die bei mir
Geburtstag feiern,
mit einem Dessert in voller
Blüten- und Beerenpracht.

*Ananas surprise*

**Rezept auf Seite 182**

Die ästhetische Präsentation ist für mich untrennbar mit meinem Verständnis von außergewöhnlichem Essen verbunden. Nicht als beliebige Dekoration, vielmehr als optische Ergänzung und Verstärkung des Genusses. Die Blütenteller sind zu einem Markenzeichen der Fischerzunft geworden. Am Anfang stand die Idee, den »Saumon Teriyaki« auf einem mit Blüten bestreuten schwarzen Lacktablett zu servieren. Nach und nach kamen dann andere, auf die jeweiligen Gerichte abgestimmte Arrangements hinzu. Meine Mitarbeiter sorgen jeden Tag neu dafür, dass die Gäste sich an der Farben- und Formenpracht freuen können. Beispiele dafür: die Platte rechts und die acht Blumenteller auf der folgenden Doppelseite.

# Die Fischerzunft-Klassiker

Nahezu jedes renommierte Restaurant behält
einige der Gerichte, die seinen Ruf geschaffen haben,
über Jahre oder sogar immer auf der Karte.
Ein schönes Beispiel dafür: der Saumon soufflé von
Paul Haeberlin in der »Auberge de l'Ill«.
Eine naheliegende, weil gastfreundliche Sitte.
Neue Gäste können so die »Klassiker«
kennenlernen, Stammkunden können sie wieder
einmal probieren. Auch in der Fischerzunft
haben wir nach und nach Gerichten, die Freunde
als »Schlüsselerlebnis« unserer Küche
bezeichnen und die am häufigsten bestellt werden,
einen festen Platz auf der Karte eingeräumt.

Bento heißt auf japanisch Imbiss. In diesen
schönen Behältnissen nehmen Japaner ihr Essen
mit zum Arbeitsplatz. Für mich eine ästhetische
Anregung, die verschiedensten »Appetizer« miteinander
zu verbinden. In der Bento-Box: vier Gerichte
aus diesem Buch zu einer Vorspeise kombiniert.

*Marinierter Lachs mit Ingwer*
*Teegeräucherte Ente mit Hoi Sin*
*Crevetten-Ravioli*
*Gegrillte Langustine mit chinesischen Gewürzen*

*Langustinen in frittierten Nudeln*

***Rezept auf Seite 182***

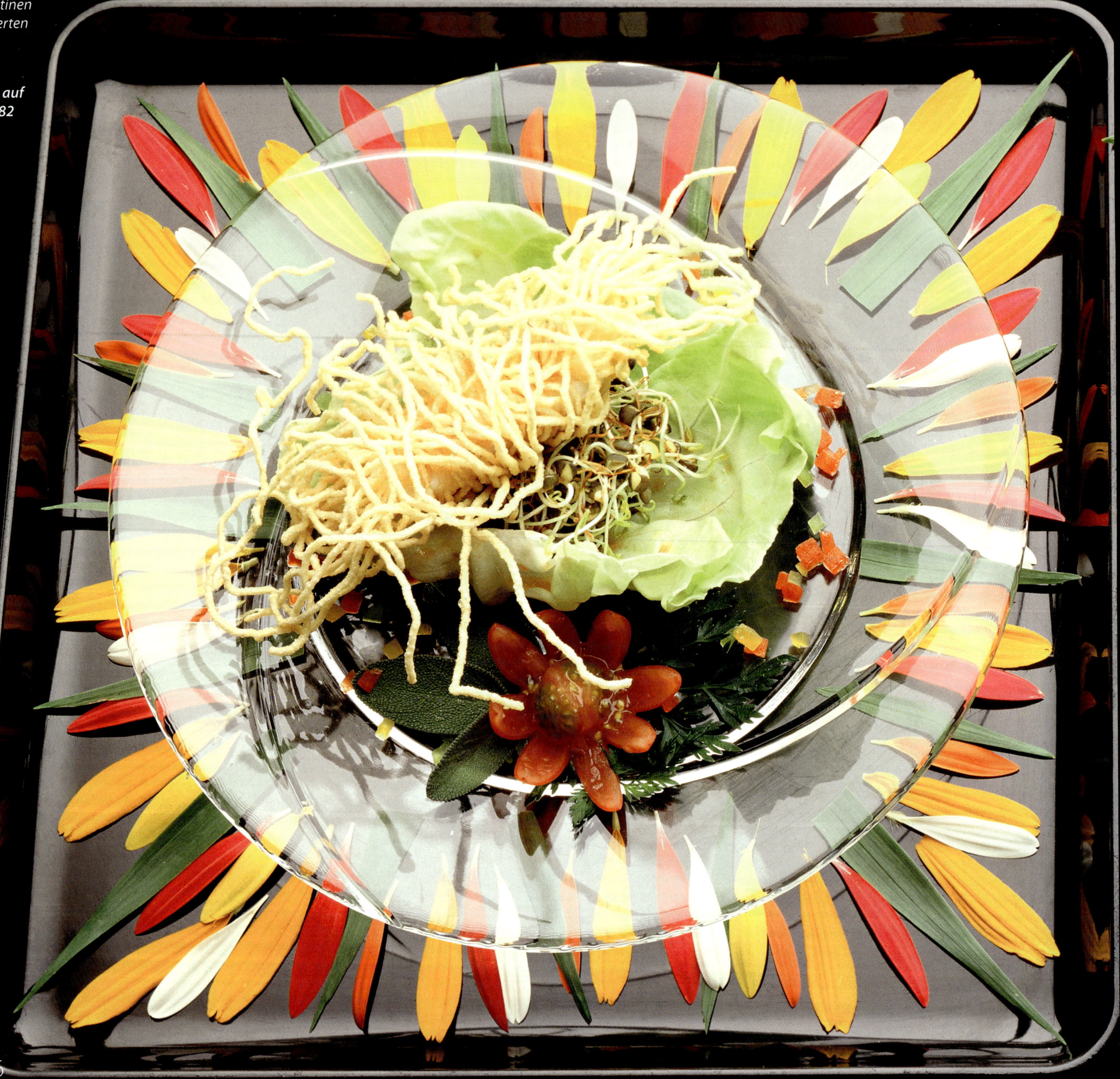

*Languste auf Nudelsalat mit Curry*

*Rezept auf Seite 183*

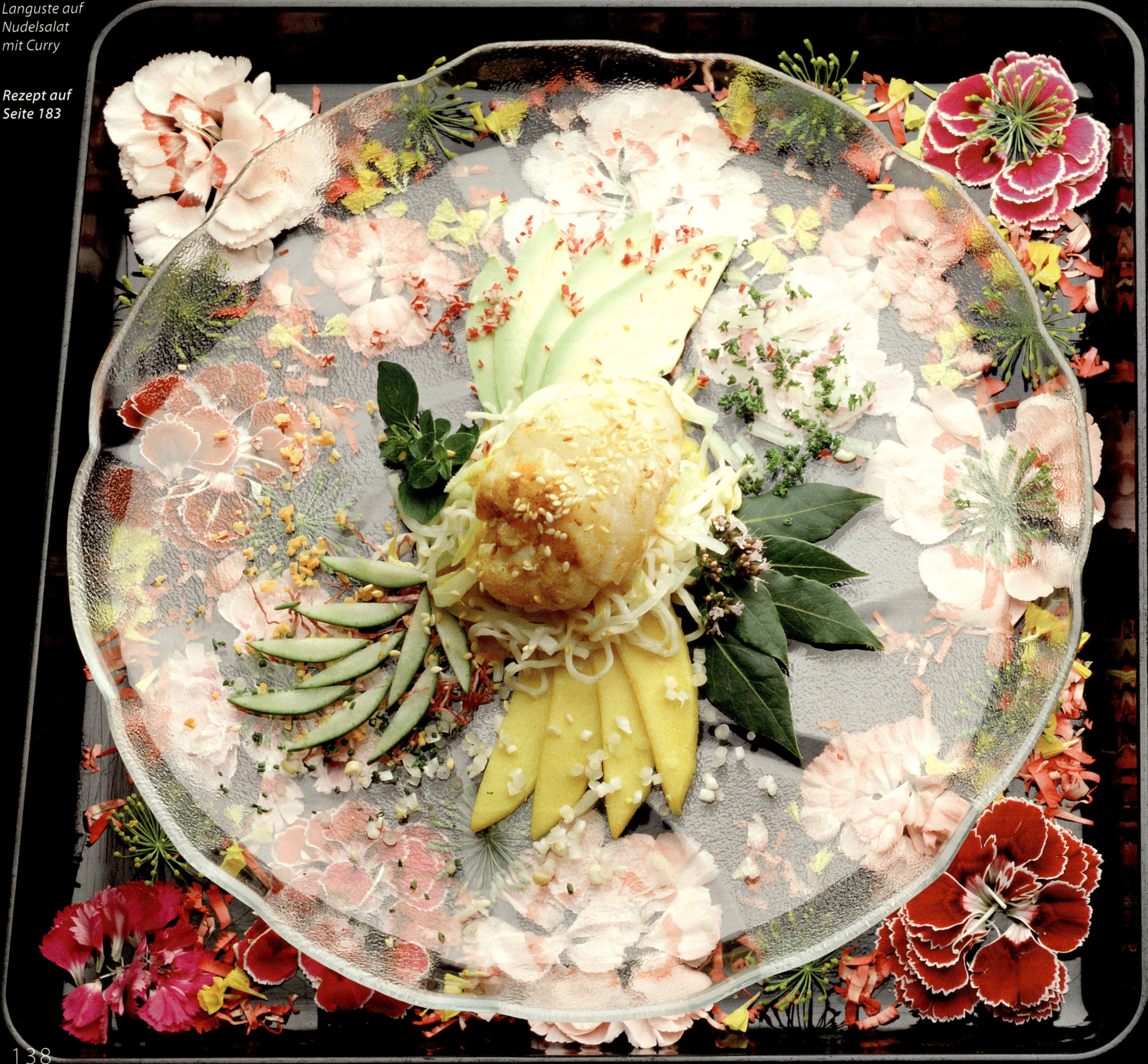

*Teegeräucherte
Entenbrust
mit Hoi Sin*

**Rezept auf
Seite 183**

Maiscreme-
suppe mit
Forellen-
Croûtons

Zanderfilet
mit Curry-
sauce

Rezepte auf
Seite 184

Lachsforellen-
filet mit fünf
chinesischen
Gewürzen

*Rezept auf
Seite 184*

*Currycreme-
suppe mit
Gemüse-
Frühlings-
rolle*

***Rezept auf
Seite 185***

143

Seeteufel
auf Creme-
sauce mit
Lychees

**Rezept auf
Seite 185**

*Kalbsfilet im Reismantel*

**Rezept auf Seite 186**

*Lammrücken-
Medaillons
mit Curry*

**Rezept auf
Seite 186**

# Die Rezepte

*Taschenkrebse, Gemüse, Chili – dieser Ausschnitt*
*aus einem Bild des berühmten Malers*
*Qi Baishi symbolisiert eine chinesische Koch-*
*Weisheit: Danach muss ein Meisterkoch*
*in der Lage sein, aus diesen drei Produkten über*
*tausend Rezepte zu zaubern.*

*Die im Rezept-Teil genannten Zutaten sind für vier Portionen berechnet.*

149

## Parfümreis mit mariniertem Gemüse

*50 g Parfümreis*
*100 g Wasser*
*1 TL Reis-Essig, Fleur de Sel*

*Karotten, Zucchini, Sellerie,*
*Silberzwiebeln, Blumenkohl, Brokkoli,*
*Strohpilze, Kohlrabi*

*Shiitake und Spargelspitzen*

*Für die Marinade:*
*2 EL Fischsauce*
*1 EL Sesamöl*
*1 EL Kwang-Tung-Würzsauce*
*(nordchinesische Würzmischung auf*
*Fisch-Crevetten-Basis in Öl; entspricht*
*der Barbecue-Sauce »Bull Head«)*
*1 Messerspitze Chili, gehackt*
*1 TL Ingwer, gehackt*
*1 Prise Salz*

Den Reis im Reiskocher oder einer kleinen Deckel-Kasserolle mit dem Wasser und einer Prise Salz fünf Minuten stark kochen, zehn Minuten leise köcheln und zehn Minuten zugedeckt ziehen lassen. Zu dem noch heißen Reis den Reis-Essig und eine Prise Fleur de Sel geben, mischen, gut einen Zentimeter dick auf einen Teller streichen und leicht andrücken. Wenn der Reis kalt ist, klebt er zusammen und lässt sich einfach in 3 x 3 - Zentimeter-Quadrate schneiden.
Das geputzte Gemüse in kleine Stücke schneiden oder ausstechen (pro Portion werden etwa zwei Esslöffel Gemüse-Mischung benötigt). Nach Sorten getrennt in Salzwasser blanchieren, in Eiswasser abschrecken und abtropfen lassen. Die Zutaten für die Marinade verrühren und abschmecken. Das Gemüse in die Marinade geben, über Nacht im Kühlschrank ziehen lassen und vor dem Anrichten in der Marinade erwärmen.

Das Gemüse in Schalen verteilen und die Parfümreis-Quadrate darauf anrichten. Mit halbierten Shiitake und Spargelspitzen dekorieren.

## Risotto-Cremesüppchen mit Blackbeans-Paste

*6 EL Reis, gekocht*
*3 dl Hühnerbrühe*
*100 g Butter*
*200 g Parmesan, gerieben*
*1 TL Blackbeans-Paste (Würzpaste aus*
*fermentierten Bohnen mit Knoblauch)*
*1 dl Weißwein*
*2 El Schlagsahne, Salz*

Den Reis mit der Brühe aufkochen, die Butter und unter ständigem Rühren den Parmesan dazugeben, bis ein dünner Risotto entsteht. Zum Schluss die Blackbeans-Paste einrühren. Vor dem Servieren mit dem Weißwein und der Sahne verfeinern, kräftig aufmixen und eventuell mit etwas Salz abschmecken.

## Riso-Venere-Risotto mit Hotbeans-Paste und Jakobsmuscheln

*100 g Riso Venere (schwarzer*
*Vollkornreis aus dem Piemont)*
*5 - 7 dl Wasser, Salz*
*1/2 Schalotte, gehackt*
*Butter*
*1 dl Noilly Prat*
*1 dl Sahne*
*1 TL Hotbeans-Paste (scharfe*
*Würzpaste aus fermentierten Bohnen*
*mit Chili)*
*2 EL rote Paprikawürfel*

*4 Jakobsmuscheln, bratfertig*
*Szechuan-Pfeffer aus der Mühle*
*Weißer Sesam, geröstet*

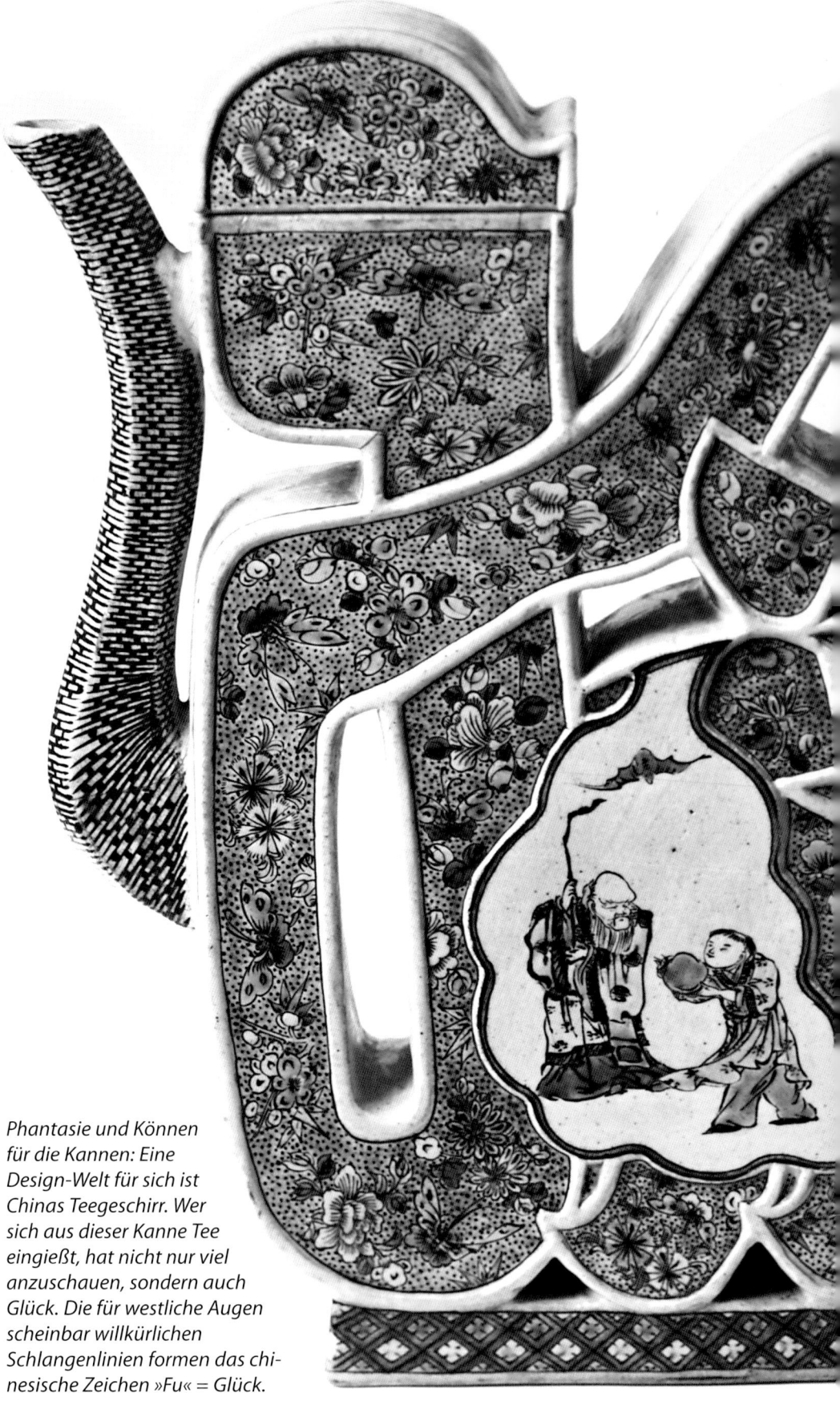

*Phantasie und Können für die Kannen: Eine Design-Welt für sich ist Chinas Teegeschirr. Wer sich aus dieser Kanne Tee eingießt, hat nicht nur viel anzuschauen, sondern auch Glück. Die für westliche Augen scheinbar willkürlichen Schlangenlinien formen das chinesische Zeichen »Fu« = Glück.*

Den Reis in Salzwasser bei milder Hitze 50 bis 60 Minuten kochen und das restliche Wasser abschütten. Die Schalottenwürfel in Butter andünsten, mit Noilly Prat ablöschen, kurz einkochen und die Sahne angießen. Den gekochten Reis dazugeben, die Hotbeans-Paste unterrühren, einmal aufkochen und die Paprikawürfel hineingeben. Risotto mit Salz abschmecken und mit einigen Butterflocken abrunden. Die Jakobsmuscheln mit Salz und einer Prise Szechuan-Pfeffer würzen. Sehr kross anbraten, mit Sesam bestreuen und auf dem Risotto anrichten.

## Entenbrust mit knuspriger Entenleber

*1 große Entenbrust, ca. 180 g*
*Salz, Pfeffer*
*Hoi-Sin-Sauce (Pflaumensauce zum Würzen von Saucen oder Bestreichen von gebratenem Fleisch)*

*4 Scheiben Entenstopfleber à 15 g*
*Salz, Mehl, Ei*

*6 EL grüner Reis (unreif geernteter, sonnengetrockneter Reis, der leicht süßlich schmeckt, weil sich der Zucker in den unreifen Körnern noch nicht ganz in Stärke verwandelt hat; grüner Reis wird nicht gekocht, sondern nur in Fett angebraten)*
*Erdnuss-Öl zum Braten*

Die Haut der Entenbrust kreuzweise einschneiden, salzen, pfeffern und heiß anbraten, damit die Haut schön knusprig wird. Fünf Minuten in den 180 Grad heißen Backofen schieben, herausnehmen, ruhen lassen und mit Hoi-Sin-Sauce einpinseln. Die Entenleber leicht salzen, mehlieren, in verquirltem Ei wenden und mit dem grünen Reis panieren. In heißem Erdnuss-Öl kurz und schnell

anbraten. Die Hitze ist erforderlich, damit der Reis »aufpoppen« kann und knusprig wird. Die Entenbrust aufschneiden und die Scheiben mit der panierten Leber auf heißen Tellern anrichten. Mit blanchiertem Pak Choi garnieren und mit Hoi-Sin-Sauce servieren.

## Garnelen-Satay mit Tomaten-Safran-Vinaigrette und frittiertem Reis

*4 »Copa«- Stücke (Copa ist ein »fried glutinous rice« aus der Shanghai-Küche und in speziellen Asien-Shops erhältlich; Rezept für die Zubereitung siehe unten)*
*4 Wildfang-Garnelen (Crevetten)*
*Karotten- und Zucchini-Kugeln, blanchiert*
*Salz, Tandoori Masala*

### Für die Vinaigrette:
*1 kleine Tomate*
*2 EL Olivenöl*
*1 EL Sesamöl*
*1 Messerspitze Safranfäden bester Qualität*
*Ingwer, gerieben; Salz*

### Für den Copa-Reis (»fried glutinous rice«):
*50 g Reis*
*100 g Wasser, Salz*
*Erdnuss-Öl zum Frittieren*

Den Reis mit einer Prise Salz in stark kochendem Wasser fünf Minuten garen, zehn Minuten leise köcheln und zehn Minuten zugedeckt ziehen lassen. Einen Zentimeter dick auf ein Backblech streichen, leicht andrücken, in drei bis vier Zentimeter breite Quadrate schneiden und an einem luftig-warmen Ort trocknen lassen. Vor der Verwendung in 200 Grad heißem Erdnuss-Öl frittieren. Copa-Stücke aus dem Asia-Shop vor dem Anrichten im 180 Grad heißen

Ofen zwei bis drei Minuten erwärmen. Die Garnelen auslösen und die Därme entfernen. Das Fleisch in Stücke schneiden und abwechselnd mit den Gemüsekugeln auf kleine Spieße stecken. Mit Salz und Tandoori Masala würzen und auf dem Grill oder in der Pfanne kross braten. Für die Vinaigrette die Tomate schälen, entkernen und das Fruchtfleisch in feine Würfel schneiden. Mit allen Zutaten mischen, abschmecken und eine Stunde ziehen lassen, damit die Tomatenwürfel den Safrangeschmack aufnehmen können. Die Satay-Spieße auf dem frittierten Reis anrichten und mit der Vinaigrette servieren.

## Hummer à la Bouillabaisse in Dashi-Gelee mit Wasabi und Tempurasauce

*1 l Hühnerbrühe*
*2 EL Dashi-Pulver*
*6 Blatt Gelatine*
*2 EL Sojabohnensprossen, blanchiert*
*1 EL Karottenkugeln, blanchiert*
*1 EL Erbsen, blanchiert*
*2 Kirschtomaten, geviertelt*
*1 Mini-Zucchini, in Scheiben und blanchiert*
*8 Thai-Spargel, blanchiert*
*2 Hummer à 600 g, Salz*
*3 EL Wasabipulver, in Wasser angerührt*
*Tempurasauce*

Die Hühnerbrühe erwärmen und mit Dashi würzen; das geschmacksintensive Pulver aus getrocknetem Bonito ist Grundlage vieler japanischer Suppen. Die Gelatine in Wasser einweichen, ausdrücken und in die warme Brühe rühren. In ein tiefes Gefäß füllen und ruhen lassen, bis die Gelatine anzieht. Alle Schwebepartikel setzen sich am

Boden ab, die oberen zwei Drittel des Gelees sind glasklar. Das klare Gelee abschöpfen, wieder erwärmen, in vier tiefe Teller gießen und das Gemüse in die gelierende Brühe geben.

Die Hummer in leicht gesalzenem, kochendem Wasser vier bis fünf Minuten pochieren; das Fleisch soll glasig bleiben. Die Hummer auslösen, das Fleisch in Medaillons schneiden, zum Gemüse in die Brühe legen und die Teller kühl stellen.

Aus dem angerührten Wasabi-Pulver kleine Kugeln formen und auf dem Gelee verteilen, wenn es fest geworden ist. Den Hummer à la Bouillabaisse mit Tempurasauce servieren.

## Gurkenring mit Wachs-Ei und Koriander- Vinaigrette

*4 frische Hühnereier*
*2 Blätter Filoteig*
*Butter, Salz, weißer Sesam*
*1 Salatgurke*
*1 Bund Koriander*

*Für die Vinaigrette:*
*3 EL Sesamöl*
*2 EL Thai-Fischsauce*
*1 EL Koriander, gehackt*
*1 EL Ingwer, gehackt*
*1 kleine Chili, gehackt*

Die Eier in 60 Grad heißem Wasser 40 Minuten ziehen lassen; damit die Eier optimal gelingen, muss die Temperatur konstant bei genau 60 Grad gehalten werden. Die Eier direkt nach dem Kochen anrichten.

Will man das Gericht vorbereiten, können die gekochten, abgekühlten Eier vor dem Servieren in 60 Grad heißem Wasser in zehn Minuten wieder erwärmt werden.

Die Teigblätter auslegen und vier Bahnen von 20 Zentimeter Länge und acht Zentimeter Breite schnei-

den. Mit flüssiger Butter bestreichen, mit Salz und Sesam bestreuen und die Breitseiten aufeinander klappen. Aus den nun vier Zentimeter breiten Bahnen vier Kreise (Durchmesser etwa fünf Zentimeter) formen und im 180 Grad heißen Ofen etwa zwölf Minuten backen.

Aus der Salatgurke vier Zentimeter breite, dünne Streifen schneiden und die inneren Teigränder damit auslegen.

Für die Vinaigrette Sesamöl und Fischsauce mit dem Schneebesen gut verrühren. Koriander, Ingwer und Chili dazugeben und abschmecken. Sollte die Mischung zu salzig sein, etwas Hühnerbrühe angießen.

Zum Anrichten Kreise aus Korianderblättern auf Teller legen und die Teigringe in die Mitte setzen. Die Eier aufschlagen, behutsam in die Mitte gleiten lassen und einen Löffel Vinaigrette auf die Eier geben. Die restliche Vinaigrette auf den Korianderblättern verteilen und mit einer Prise weißer Sesamkörner garnieren.

## Teegeräucherte Wachtel mit Mango-Chili-Tatar und Koriander

*4 halbe Wachteln, ausgelöst*
*Pökelsalz*
*Tee zum Räuchern*
*(Lapsang Souchong, ein chinesischer Rauchtee, oder Schwarztee)*
*Erdnuss-Öl zum Braten*

*1 Mango aus Thailand*
*2 kleine rote Chili*
*2 Korianderstiele*
*3 EL Erdnüsse, gesalzen*
*3 EL helles Sesamöl*
*2 EL helle Fischsauce aus Thailand*

Die ausgelösten Wachtelhälften mit Pökelsalz – pro Kilo Fleisch werden etwa 14 Gramm benötigt – gleich-

mäßig bestreuen und zugedeckt für 24 Stunden in den Kühlschrank stellen.

Für das Tatar die Mango schälen und in Würfel schneiden. Chili halbieren, entkernen, waschen und in feine Würfel schneiden. Den Koriander hacken und die Erdnüsse zerdrücken. Mango, Chili, Koriander und Erdnüsse mit Sesamöl und Fischsauce gut vermischen. Über Nacht ziehen lassen.

Zum Räuchern etwas Holzkohle zum Glühen bringen, in einen Räucherofen (oder eine alte Pfanne) geben und den Tee darüber streuen; bei der kleinen Menge Kohle genügt ein Esslöffel Teeblätter. Die Wachteln dazugeben und etwa 15 Minuten räuchern.

Durch die Hitze verbrennt der Tee, der entstehende Rauch zieht über das Fleisch und gibt den Wachteln einen zarten Rauchgeschmack.

Für das Räuchern in der Pfanne sind ein gut schließender Deckel und ein Siebeinsatz erforderlich. Unter dem Sieb liegen Holzkohle und Teeblätter, auf dem Sieb die Wachteln. Den Deckel zusätzlich mit einem feuchten Tuch abdichten, damit kein Rauch entweichen kann.

Die geräucherten Wachteln in heißem Erdnuss-Öl auf der Hautseite drei bis vier Minuten kross anbraten, wenden und noch zwei Minuten auf der Fleischseite braten. Aus der Pfanne nehmen, einige Minuten ruhen lassen und mit dem Mango-Tatar anrichten.

## Teriyaki von der Maispoularde mit Pak Choi und Tandoori-Schaum

2 Maispoulardenbrüste, 100-120 g pro Stück
2 dl Hühnerbrühe
1 EL mildes Currypulver
1 EL Ingwer, geschält und gehackt
1 EL Korianderblätter, gehackt
1/4 reife Papaya, geschält und gewürfelt
2 EL Fischsauce
2 EL helle Sojasauce

10 Shiitake, getrocknet
1 dl Sojasauce
2 dl Oystersauce
1 Sternanis
2 EL Kandiszucker

2 kleine Pak Choi
1/2 rote Paprika, geschält
Öl zum Anbraten
1 EL Tapioka-Mehl

### Für den Tandoori-Schaum:
30 g Butter
1 Schalotte, fein gehackt
1/2 EL Tandoori Masala
50 g Noilly Prat
1 dl Milch
1 dl Sahne
Salz

Die Hühnerbrühe mit Currypulver, Ingwer, Koriander, Papaya, Fisch- und Sojasauce verrühren, die Hühnerbrüste in diese Mischung legen und 24 Stunden marinieren. Herausnehmen und trocken tupfen. Auf dem Grill oder in der heißen Pfanne anbraten, auf ein Blech legen und im 180 Grad heißen Backofen fünf Minuten garen. Herausnehmen und ruhen lassen.
Die Shiitake über Nacht in Wasser einweichen. Das Einweichwasser nicht wegschütten, sondern mit Sojasauce, Oystersauce, Sternanis und Kandiszucker mischen, die Pilze hineingeben und etwa sechs Stunden kochen. Die Pilze im Sud abkühlen lassen, herausnehmen und in Scheiben schneiden.
Pak Choi und Paprika in Streifen schneiden. In einem Wok oder einer tiefen Pfanne Öl erhitzen, Pak Choi, Paprika und Pilze darin anbraten, mit etwas Shiitake-Sud ablöschen und kurz »dämpfen«. Drei Esslöffel Pilz-Sud mit dem Tapioka-Mehl anrühren und das Gemüse damit binden.
Für die Sauce Butter in einer Kasserolle erhitzen, die Schalotten hineingeben, anschwenken und eine Minute dünsten. Tandoori Masala dazugeben, mit Noilly Prat ablöschen und einkochen. Milch und Sahne

angießen, aufkochen, mit Salz abschmecken und schaumig aufmixen. Hinweis: Die Sauce schäumt besser, wenn sie nicht zu heiß ist.
Die Poulardenbrüste in Scheiben aufschneiden, mit dem Gemüse und der schaumigen Sauce anrichten.

## Wagyu-Beef mit Shanghai-Essig-Vinaigrette

350 g Wagyu- oder Kobe-Beef
Meersalz aus der Mühle
Schwarzer Kerala-Pfeffer aus der Mühle

4 Okraschoten
2 Mini-Lauchstangen
2 Mini-Maiskolben
4 grüne Mini-Spargel
4 Zuckerschoten
1 EL Sojabohnensprossen
Salz, Butter

### Für die Vinaigrette:
2 EL Shanghai-Essig
2 EL Olivenöl
1 EL Sesamöl
1 EL Tempurasauce
2 EL Oystersauce
3 EL Schnittlauch, gehackt
1 TL weiße Sesamkörner, geröstet
1 TL rote Chili, fein gehackt
1 TL Ingwer, fein geraffelt

Okraschoten und Lauchstangen in schräge Scheiben schneiden, die Maiskolben vierteln und die Spargel halbieren. Alle Gemüse nach Sorten getrennt in kochendem Salzwasser blanchieren, in Eiswasser abkühlen, abtupfen und in Butter anschwenken.
Die Zutaten für die Vinaigrette gut verrühren und abschmecken.
Das Fleisch in ein bis zwei Zentimeter dicke Scheiben schneiden, mit Meersalz und Kerala-Pfeffer bestreuen, auf den heißen Grill legen und

von beiden Seiten »zeichnen«, also nur kurz grillen, da das Fleisch sonst ausbluten würde. Die Scheiben etwas ruhen lassen und zum Anrichten dünn aufschneiden. Da das Fleisch fettdurchzogen ist, schmeckt es in dünnen Scheiben am besten.
Gemüse auf heißen Tellern in einem »Streifen« anrichten, die Fleischscheiben im Fischgrat-Muster darauf verteilen und mit der Vinaigrette servieren.

## Pot-au-feu vom Rhein

1 Rheinäsche (ersatzweise Saibling oder Forelle)
8 frische Flusskrebse, Salz
4 Rosenkohlköpfe
4 Mini-Karotten
2 Mini-Zucchini, Butter

### Für den Fischsud:
2 EL Butter
3 dl trockener Weißwein
1/2 Schalotte, geschnitten
2 dl Krebs-Wasser
Salz; Kreuzkümmel, gemahlen

### Für die Sauce:
Langustinen-Karkassen (von einem Dutzend frischer Tiere)
0,5 dl Olivenöl
0,5 dl Cognac
150 g Schalotten, Karotten, Lauch, Sellerie; alles fein gewürfelt
40 g frischer Ingwer
1 dl Marsala (Süßwein)
5 dl Fischfond
5 dl Sahne
Salz, Pfeffer, Zucker

Für die Sauce die Karkassen waschen, zerkleinern und in rauchend heißem Olivenöl kurz anrösten. Den Cognac zugeben und anzünden (Vorsicht: Stichflamme!).

*Die Haifischflosse ist in der Küche Südchinas einer der Glanzpunkte eines Luxus-Menüs. Bei jedem Bankett im Kanton-Stil wäre ihr Fehlen eine Beleidigung für die Gäste. Die in zeitraubender Prozedur gewässerte Flosse muss am Tisch im Ganzen präsentiert werden. Erst dann löst man kleine Stücke ab und serviert sie mit wenig Brühe.*

Wenn der Cognac verbrannt und eingekocht ist, die Gemüsewürfel und den Ingwer zugeben. Unter Rühren andünsten, mit Marsala ablöschen und um zwei Drittel einkochen. Mit Fischfond und Sahne aufgießen und vierzig Minuten köcheln. Mit Salz, Pfeffer und einer Prise Zucker abschmecken, passieren und schaumig aufmixen.

Äsche (oder Saibling oder Forelle) filieren, entgräten und in gleich große Stücke schneiden. Die Zutaten für den Fischsud in einen Topf geben und zusammen aufkochen. Die Fischstücke hineinlegen und kurz ziehen lassen, das Fischfleisch soll glasig bleiben.

Die Flusskrebse in Salzwasser drei bis vier Minuten kochen, auslösen und die Därme entfernen. Die Krebse warm stellen.

Rosenkohlblätter einzeln ablösen, Mini-Karotten schälen und Zucchini in schräge Streifen schneiden. Gemüse nach Sorten getrennt in Salzwasser blanchieren, in Eiswasser abkühlen und vor dem Anrichten in Butter anschwenken.

Fischfilets, Flusskrebse und Gemüse auf heißen Tellern anrichten und mit der aufgeschäumten Sauce umgießen.

## Orkney-Lachs »Red Label« mit dreierlei Aromen und Karotten-Ingwer-Reduktion

*1/2 Seite frischer Orkney-Lachs »Red Label«, etwa 600 g; geschuppt und entgrätet*
*Fleur de Sel*
*Lapsang Souchong (China-Tee mit ausgeprägtem Raucharoma)*

### Für die Aromen:
*Schwarzer Kerala-Pfeffer, geröstet und gemörsert (durch das Rösten verliert der Pfeffer an Schärfe)*

*Fleur de Sel*
*Lapsang Souchong*

*100 g Butter*
*1 Eigelb, Salz*
*1 Messerspitze Sternanispulver*

### Für die Reduktion:
*2 l Karottensaft*
*100 g Ingwer, gehackt*

### Für Krautwickel und Karotten- »Kugeln«:
*2-3 Wirsingblätter, Salz*
*3 Karotten*
*3 EL Zucker*
*2 EL Butter*
*2 dl Karottensaft*
*Öl zum Frittieren, Salz*

Zum Marinieren der Lachs-Seite Fleur de Sel und Lapsang Souchong zu gleichen Teilen mischen und über den Fisch streuen; pro Kilo Fisch rechnet man mit etwa 15 Gramm Salz. Den Fisch zudecken und in den Kühlschrank stellen. Nach 48 Stunden herausnehmen, die

Marinade abwaschen und den Lachs trocken tupfen.

Den Lachs in etwa acht Millimeter dünne Scheiben schneiden und vier Scheiben mit dem gerösteten Pfeffer belegen. Vier Scheiben mit einer Salz-Tee-Mischung bestreuen; dafür Meersalz und Teeblätter zu gleichen Teilen in eine Gewürzmühle füllen und über die Scheiben mahlen. Für die restlichen vier Scheiben die Butter schaumig rühren, ein Eigelb unterziehen, mit Salz und Sternanis würzig abschmecken und die Mischung auf den Lachs streichen.

Für die Reduktion den Karottensaft mit dem Ingwer langsam einkochen, bis die Konsistenz leicht ölig und die Farbe dunkelorange wird. Durch ein feines Sieb passieren und abkühlen lassen.

Für die Krautwickel die Wirsingblätter in Salzwasser blanchieren und in Eiswasser abkühlen. Die Blätter vierteln – dabei dicke Blattrippen herausschneiden – und auf ein trockenes Tuch legen.

Die Karotten schälen und zwei in feine Würfel schneiden. Den Zucker in einer Pfanne karamellisieren, die Butter einrühren, mit dem Karottensaft ablöschen und die Karottenwürfel dazugeben. Bei milder Hitze köcheln, bis die Karotten weich sind und der Saft komplett eingekocht ist. Die Mischung mit Salz würzen, auf die Wirsingblätter verteilen und kleine Krautwickel formen. Vor dem Servieren auf einem gebutterten Blech in den 180 Grad heißen Backofen stellen, etwa sechs Minuten erwärmen und mit flüssiger Butter »abglänzen«.

Die dritte Karotte in feine Streifen schneiden, in Salzwasser kurz blanchieren und in einem Küchentuch gut abtrocknen. Die Streifen in 160 Grad heißem Öl frittieren, auf Küchenkrepp abtropfen lassen, mit je einer Prise Salz und Zucker würzen und zu kleinen Kugeln formen.
Vor dem Anrichten die Lachsscheiben im 180 Grad heißen Ofen zwei bis drei Minuten erwärmen, der Fisch soll warm werden und leicht angaren, die Butter etwas anschmelzen.
Lachsscheiben, Krautwickel und Karotten-»Kugeln« mit der Karotten-Reduktion auf warmen (nicht heißen) Tellern anrichten.

## Garnelen-Tatar auf Zucchini mit klassischer Rotwein-Sauce

*Butter zum Andünsten*
*2 Schalotten, fein gehackt*
*6 Champignons, gehackt*
*1 Thymianzweig, gezupft*
*1 Knoblauchzehe, gehackt*
*7 dl kräftiger Rotwein (Beaujolais, Brouilly)*
*3 dl Kalbsjus*
*Salz, Pfeffer*
*30 - 40 g Butter*
*Portwein nach Geschmack*

*8 frische Garnelen (Crevetten)*
*Salz*
*Mildes Currypulver*
*Butter zum Braten*
*4 Zucchinischeiben*

Für die Sauce die Butter in einer Kasserolle erhitzen, Schalotten und Champignons hineingeben und andünsten. Thymian und Knoblauch dazugeben und sofort mit etwas Rotwein ablöschen. Den Rotwein einkochen, wieder etwas Wein angießen und reduzieren. Diesen Vorgang wiederholen, bis gut drei Viertel des Weins verkocht sind. Kalbsjus zugeben, um die Hälfte einkochen und den restlichen Wein angießen. Mit Salz und Pfeffer würzen und mit frischer Butter montieren. Je nach persönlichem Geschmack die Sauce mit einem Schuss Portwein abrunden. Passieren ist möglich, aber nicht nötig.
Die Garnelen auslösen und die Därme entfernen. Das Fleisch hacken, mit Salz und einer Prise Curry würzen. Aus dem Tatar kleine Bälle formen und vor dem Servieren in Butter anbraten.
Die Zucchinischeiben in Salzwasser kurz blanchieren, abtropfen lassen und grillen. Die Garnelen-Bälle auf den Scheiben anrichten und zur Sauce servieren.

## Rinderfilet-Teriyaki mit Sesam und Château-Chalon-Sauce auf Papadum

*5 dl Château Chalon (Vin Jaune aus dem französischen Jura)*
*200 g Butter*
*Salz, Pfeffer*
*Muskat, Zitrone*
*Honig nach Geschmack*

*80 g Rinderfilet, in Würfel geschnitten*
*Öl zum Anbraten*
*2 EL Teriyaki-Sauce*
*1 TL Sesam, geröstet*
*4 Papadum (indische Brotfladen)*
*Erdnuss-Öl zum Frittieren*

Den Weißwein in einer Sauteuse um gut zwei Drittel einkochen, vom Herd nehmen und die Butter – wie bei einer klassischen Beurre Blanc – in Flocken nach und nach einrühren. Mit Salz, Pfeffer, einem Hauch Muskat und einem Spritzer Zitronensaft würzen. Je nach persönlichem Geschmack etwas Honig einrühren. Die Filetwürfel salzen und in heißem Öl kurz anbraten, das Fleisch soll innen roh bleiben. Auf Küchenpapier legen, rundum abtupfen, in Teriyaki-Sauce wenden und abtropfen lassen. Auf den in heißem Erdnuss-Öl frittierten, knusprigen Papadum anrichten, mit Sesam bestreuen und zur Château-Chalon-Sauce servieren.

## Hummer-Bisque mit Thunfisch und Ingwer

*1 dl Olivenöl*
*2 Hummer-Karkassen, klein gehackt*
*1 dl Cognac*
*150 g Wurzelgemüse*
*2 dl Weißwein*
*1 dl Portwein*
*3 dl Fischfond*
*2 dl Sahne*
*Salz, Pfeffer, Zucker, Cayenne-Pfeffer*
*Saft einer viertel Zitrone*
*20 g Butter*

*80 g frischer Thunfisch, in Würfel geschnitten*
*Sesamöl, Fischsauce*
*1/2 TL Ingwer, geraffelt*
*1/2 TL Kapern, gehackt*
*4 Copa-Stücke (Rezept siehe auf Seite 151: »Garnelen-Satay«)*
*Süßer Japan-Ingwer für die Garnitur*

Für die Bisque das Olivenöl in einer tiefen Pfanne erhitzen, bis es raucht, die Hummer-Karkassen hineingeben und gut anrösten. Mit dem Cognac ablöschen, sofort anzünden (Vorsicht, Stichflamme!) und brennen lassen, bis die Flamme von selbst verlöscht. Das Wurzelgemüse dazugeben, anrösten und darauf achten, dass die kleinen Gemüsestücke nicht anbrennen. Mit Weißwein ablöschen, Portwein, Fischfond und Sahne zugeben. Mit Salz, Pfeffer, Zucker, einer Prise Cayenne und Zitronensaft würzen. Eine Stunde köcheln lassen, durch ein feines Sieb passieren und aufmixen. Noch einmal abschmecken und zum Schluss die Butter einschwenken.
Die Thunfisch-Würfel mit Sesamöl, Fischsauce, Ingwer und Kapern würzen. Kleine Tatar-Portionen formen, auf den im 180 Grad heißen Ofen zwei bis drei Minuten erwärmten Copa-Stücken anrichten, mit süßem Ingwer garnieren und zur Hummer-Bisque servieren.

## Gefüllte Crevetten

*4 frische Riesencrevetten*
*Salz*
*Öl zum Grillen*

### Für die Füllung:
*1 TL Olivenöl*
*20 g Gemüsewürfel (Karotten, Zucchini,*
*Lauch, gehackter Koriander)*
*0,1 dl Hühnerbrühe*
*1 TL Sesamöl*
*1 TL süße Chilisauce (scharfe Sauce*
*eignet sich nicht)*
*1 TL Oystersauce*

Die Crevetten auf der Rückenseite
einschneiden und den Darm
entfernen. Leicht salzen, einölen und
grillen.
Für die Füllung das Olivenöl erhitzen,
die Gemüse darin andünsten, mit der
Hühnerbrühe ablöschen und weiterdünsten, bis die Flüssigkeit einreduziert ist. Vom Herd nehmen,
Sesamöl, Chilisauce und Oystersauce
unterrühren, gut durchmixen und in
die gegrillten Crevetten füllen.

*Die Crevetten und das Lammtatar sind*
*kleine Gerichte, die als Amuse bouche,*
*zum Aperitif oder als Vorspeise serviert*
*werden. Ihre Einfachheit lässt der*
*Struktur der Aromen den Vortritt,*
*darum sind sie der ideale Einstieg in ein*
*großes Menü.*

## Shiitake-Pilze mit Lammtatar und Wachtelei

*4 mittelgroße, frische Shiitake-Pilze*
*Salz*
*60 g frisches Lammrückenfilet*
*1 Eigelb*
*1 Messerspitze Kreuzkümmel,*
*gemahlen*
*10 g Schnittlauch, geschnitten*
*2 Wachteleier*

Von den Pilzen die Stiele entfernen,
in Salzwasser kurz blanchieren,
herausnehmen und abtropfen lassen.
Das Lammfleisch sorgfältig parieren
und mit einem scharfen Messer in
Mini-Würfel schneiden. Mit Eigelb,
Kreuzkümmel und Salz anmachen.
Gut mischen, abschmecken und den
Schnittlauch dazugeben.
Die Wachteleier dreieinhalb Minuten
kochen, in Eiswasser abschrecken,
schälen und halbieren.
Das Lammtatar auf die Pilze verteilen
und mit je einem halben Wachtelei
belegen.

*Für das Tatar müssen Sie – wegen des*
*Geschmacks und der Bekömmlichkeit –*
*absolut frisches Lammfleisch nehmen.*
*Abgelagertes, rohes Filet kann gesund-*
*heitsschädlich sein. Statt Lamm*
*können Sie natürlich auch erstklassiges*
*Rind- oder Kalbfleisch zum Tatar*
*verwenden.*

*In diesen Körbchen – sie sind in unter-*
*schiedlichen Größen erhältlich – werden*
*nicht nur Dim Sum, sondern auch zarte*
*Fischfilets oder Krustentiere besonders*
*schonend gedämpft. Selbst größere Fische*
*wie »Dorade cantonaise« (Seite 96/97)*
*können – unzerteilt und mit den passenden*
*Beilagen – im Korb gegart werden.*

## Dim-Sum-Variationen

### Jiavzi-Dreieck

#### Für den Teig:
*2 Eier*
*200 g Mehl*
*Etwas Wasser*

#### Für die Füllung:
*100 g rohes Entenfleisch*
*Leichte Sojasauce*
*Schnittlauch, geschnitten*
*Hoi-Sin-Sauce*
*Eigelb zum Bestreichen*
*Öl zum Frittieren*

Aus Eiern und Mehl mit wenig
Wasser einen geschmeidigen Teig
bereiten, sehr dünn ausrollen und in
gleichseitige Dreiecke (Seitenlänge:
zehn Zentimeter) schneiden.
Das Entenfleisch fein hacken und mit
dem Schnittlauch mischen. Mit
Sojasauce und Hoi Sin würzen.

Die Füllung in kleinen Portionen auf
die Dreiecke verteilen und die
Teigränder mit Eigelb bestreichen.
Die Ecken zusammennehmen und
die Seitenränder so zusammendrücken, dass kleine Täschchen entstehen. In 190 Grad heißem Öl schwimmend ausbacken, bis der Teig leicht
Farbe bekommt.

## Vierfreuden-Jiavzi

#### Für den Teig:
*200 g Mehl*
*Etwas kochendes Wasser*

#### Für die Füllung:
*100 g rohes Schweinefleisch, gehackt*
*40 g Lauch, fein gehackt*
*2 TL frischer Ingwer; sehr fein gehackt*
*Sojasauce, Salz, Sesamöl*

#### Für die Garnitur:
*80 g grüne Paprika, ohne Haut und*
*sehr fein geschnitten*
*80 g Schinken, in hauchdünnen*
*Streifen oder feinen Würfeln*
*4 Eier; wie Rührreier gebraten*
*80 g frische Shiitake-*
*Pilze, in feinen*
*Streifen*

Aus Mehl und Wasser einen geschmeidigen Teig herstellen, dünn ausrollen und Quadrate ausschneiden (Seitenlänge: acht Zentimeter). Die Zutaten für die Füllung mischen und abschmecken; Sesamöl ist sehr geschmacksintensiv, darum vorsichtig verwenden.

Die Füllung in die Mitte der Teig-Quadrate verteilen, die vier Teig-Ecken in der Mitte mit etwas Eigelb zusammenkleben. Dabei entstehen an den vier Ecken separate »Taschen«, die mit Paprika, Schinken, Rührei und Pilzen unterschiedlich gefüllt werden. Im Bambuskörbchen über Dampf zehn Minuten garen.

## Baozi

### Für den Teig:
200 g Mehl
Wenig Wasser
5 g Hefe

### Für die Füllung:
120 g rohes Schweinefleisch, fein gehackt
40 g Gemüse nach Wunsch, fein gehackt
Ingwer, Salz
Leichte Sojasauce, Sesamöl

Aus Mehl, Wasser und Hefe einen Teig zubereiten, zwei bis drei Stunden zugedeckt gehen lassen. Aus dem Teig eine drei bis vier Zentimeter dicke Rolle formen, in einen Zentimeter breite Scheiben aufschneiden; die Scheiben rund ausrollen. Die Zutaten für die Füllung mischen, kräftig würzen und auf die Teigscheiben verteilen.
Die Teigränder über der Mitte rundum in Falten legen. Im Bambus-körbchen über Dampf zehn Minuten garen.

## Wonton

### Für den Teig:
2 Eier
200 g Mehl
Etwas Wasser

### Für die Füllung:
100 g rohes Entenfleisch, gehackt
Schnittlauch, geschnitten
Leichte Sojasauce
Hoi-Sin-Sauce
Öl zum Frittieren

Aus den Zutaten einen geschmeidigen Teig herstellen, sehr dünn ausrollen und Quadrate ausschneiden (Seitenlänge: acht Zentimeter). Die Zutaten für die Füllung mischen, gut abschmecken und auf die Quadrate – jeweils in eine Ecke des Vierecks – verteilen. Den Teig um die Füllung von der Ecke her einrollen, jedoch nur bis knapp vor die Mitte. Die eingerollten Enden mit Eigelb bestreichen und zusammenkleben. In 190 Grad heißem Öl schwimmend backen, bis der Teig leicht braun wird.

## Guotie

### Für den Teig:
200 g Mehl
Wenig Wasser

### Für die Füllung:
100 g rohes Schweinefleisch, fein gehackt
40 g Lauch, fein gehackt
1 TL frischer Ingwer, fein gehackt
Salz
Leichte Sojasauce, Sesamöl
Öl zum Braten

Aus Mehl und Wasser einen Teig herstellen, zu einer drei bis vier Zentimeter dicken Rolle formen, in einen Zentimeter breite Scheiben schneiden und rund ausrollen (Durchmesser: acht Zentimeter).

Zutaten für die Füllung mischen, abschmecken und in die Mitte der Teigscheiben verteilen. Die Scheiben in der Mitte zusammenlegen, die eine Seite in Falten legen, die andere Seite mit Ei bestreichen und mit der gefalteten Seite zusammenkleben. Öl in einer Pfanne erhitzen, die Guoties hineinlegen (sie sollten etwa einen Zentimeter tief im Öl liegen) und ca. fünf Minuten braten.

## Crevetten-Ravioli

### Für den Teig:
200 g Weizenstärke
Wenig kochendes Wasser

### Für die Füllung:
100 g rohe Crevetten, gehackt
10 g Lauch
30 g Erbsen
20 g Peperoni
2 TL frischer Ingwer; fein gehackt
Etwas frischer Koriander
Salz, Sesamöl

Den Teig wie üblich zubereiten, aus-rollen und Acht-Zentimeter-Kreise ausschneiden. Die Crevetten mit dem fein geschnittenen Gemüse und den Gewürzen mischen und in die Mitte der Teigscheiben geben. Zusammen-falten und dabei die beiden Seiten abwechselnd ineinander in Falten legen, dass so etwas Ähnliches wie eine Naht entsteht. Im Bambuskörb-chen über Dampf zehn Minuten garen.

## Shaomai

### Für den Teig:
200 g Mehl
2 Eier
Wenig Wasser

### Für die Füllung:
100 g rohe Langusten, fein gehackt
10 g Lauch
30 g Erbsen
20 g Peperoni

2 TL frischer Ingwer, fein gehackt
Etwas frischer Koriander
Salz, Sesamöl

Aus Mehl, Eiern und Wasser den Teig herstellen, dünn ausrollen und Acht-Zentimeter-Quadrate ausschneiden. Die Füllung zubereiten, abschme-cken und in die Mitte der Teigblätter verteilen. Mit Daumen und Zeige-finger jeweils unter eine Teig-Ecke gehen und den Teig auf die Füllung drücken. Im Bambuskörbchen über Dampf zehn Minuten garen.

*Dim Sum sind die Ravioli der Chinesen, verbunden mit uralten Traditionen und Bestandteil der klassischen chinesischen Küche. Sie haben etwas mit der Münchner Weißwurst gemeinsam: Wie diese sollten Dim Sum täglich frisch zubereitet werden und bis Mittag verzehrt sein. Leider gibt es nur selten nachvollziehbare Dim-Sum-Rezepte, aber wir hatten Glück: Zwei Jahre arbeitete eine junge Köchin aus der Volksrepublik China in unserem Haus, die exzellente Dim Sum zubereiten konnte. Wir haben Zhang Hui genau auf die Finger geschaut und ihr Zutaten und Tricks für die schönsten »Ravioli« entlockt. Wenn Sie sich an eins der Rezepte wagen wollen, sollten Sie Geduld zum Probieren und Experimentieren haben. Es ist unmöglich, für Dim Sum exakte Zutaten-Mengen anzugeben, weil zu viele Faktoren eine Rolle spielen. Nicht nur die Stückzahl ist entscheidend, genauso wichtig ist die Größe der Ravioli. Die Zutaten für die Fullungen können Sie nach Belieben variieren, die Gewichtsangaben sind nur als Hinweis gedacht. Die rohen Dim Sum lassen sich hervorragend einfrieren, so dass man sich einen kleinen Vorrat anlegen kann. Wichtig: gefrorene Dim Sum vor dem Garen auftauen.*

### Sashimi von St-Pierre mit mariniertem Ingwer, Soja-Zitronensauce und Radieschensalat

*1 St-Pierre-Filet, sehr frisch*
*5 junge Ingwerknollen*
*1 dl roter China-Essig*
*10 g Salz*
*50 g Zucker*
*1 Bund Radieschen*
*0,1 dl Sesamöl, Salz*

#### Für die Sauce:
*0,5 dl leichte Sojasauce*
*0,1 dl Zitronensaft, frisch gepresst*
*10 g Schnittlauch, fein geschnitten*

Die Ingwerknollen schälen, in hauchdünne Scheiben schneiden und unter fließendem Wasser gut abspülen, um dem Ingwer die ärgste Schärfe zu nehmen. Die Scheiben mit China-Essig, Salz und Zucker marinieren, in den Kühlschrank stellen und 24 Stunden ziehen lassen. Die Radieschen mit einem Mini-Pariser-Löffel ausstechen (wenn nicht vorhanden, die Radieschen in Streifen oder Scheiben schneiden), kurz vor dem Anrichten mit Sesamöl beträufeln und leicht salzen. Das Fischfilet mit einem scharfen Messer dünn aufschneiden (wie Räucherlachs), die Scheiben auf Alufolie überlappend so auslegen, dass ein Streifen entsteht. Die Ingwerscheiben aus der Marinade nehmen, abtropfen lassen, ausdrücken und auf den Fisch legen. Einrollen und die Rolle diagonal in mundgerechte Stücke aufschneiden.
Für die Sauce die Zutaten vermischen, abschmecken und zum Fisch servieren.

*Der rohe Fisch erhält seinen aromatischen Akzent durch Gewürze, in diesem Fall Ingwer. Zusätzliche Geschmacks-Tupfer setzen die Sojasauce und die knackigen Radieschen in der Sesamöl-Marinade.*

### Sesam-panierte Gänseleber mit Bananenblütenblätter-Salat und Trüffeln

*4 Gänseleberscheiben à 30 g*
*2 frische Weißbrotscheiben*
*30 g Sesamsamen*
*Salz, Mehl*
*1 Eigelb*
*Öl zum Braten*
*1 Bananenblütenknospe*
*Zitronensaft*
*0,2 dl Sesamöl*
*0,1 dl Shanghai-Essig*
*1 Périgord-Trüffel*

Vom Weißbrot die Rinde abschneiden, das Brot zu grobem Mie de pain verreiben und mit dem Sesam mischen. Die Leberscheiben salzen, mehlieren, durch das verquirlte Eigelb ziehen, in der Brot-Sesammischung wälzen und gut andrücken. In heißem Öl schnell braten, die Panade soll knusprig werden, die Leber innen rosa bleiben.
Die Blätter der Bananenblütenknospe (hin und wieder in Asien-Shops erhältlich) einzeln ablösen. Die äußeren Blätter zum Garnieren verwenden; alle Blätter sofort nach dem Ablösen mit Zitrone beträufeln, damit sie nicht braun werden. Von den zarten Innenblättern die Sprößlinge entfernen und die Blätter in sehr dünne Streifen schneiden. In Salzwasser drei bis fünf Minuten knackig kochen, abtropfen lassen und noch warm mit Sesamöl, Shanghai-Essig und Salz marinieren. Bananenblütenblätter schmecken ähnlich wie Bambussprossen. Die Trüffel in dünne Scheiben schneiden, mit dem Salat und der gebratenen Leber anrichten.

### Hummersalat mit chinesischen Nudeln und Sesam

*2 Hummer à 600 g*
*10 g frische Korianderblätter, gehackt*
*Salz*
*0,2 dl Olivenöl zum Braten*
*200 g chinesische Nudeln*
*1/2 Salatgurke*

#### Für die Sauce:
*50 g Sesampaste*
*0,3 dl Sesamöl*
*1 dl Hühnerbrühe*
*0,2 dl leichte Sojasauce*
*1 Prise Zucker*

Die Hummer in kochendes Wasser geben, nach etwa zwei Minuten herausnehmen, abkühlen lassen und das Hummerfleisch auslösen. Auf Teller legen und mit den Korianderblättern marinieren. Die Nudeln in Salzwasser kochen und abkühlen lassen. Das Olivenöl erhitzen, bis es raucht, Hummerfleisch salzen, mit dem Koriander kurz braten und sofort mit dem Öl auf einen Teller geben.
Die Zutaten für die Sauce im Mixer zu einer sämig gebundenen Sauce aufmixen.
Die Gurke in fünf Zentimeter lange Streifen schneiden. Aus den Gurkenstreifen auf den Tellern ein Nest bilden, die kalten Nudeln darauflegen und mit reichlich Sesamsauce überziehen. Die warmen Hummerstücke auf den Nudeln verteilen und mit etwas Olivenöl vom Braten beträufeln.

*Die doppelte Garmethode für die Hummer hat ihren Grund: Mir sind alle Zubereitungen, bei denen Hummer (oder Langusten) gequält werden, ein Gräuel. Das Töten der Tiere durch Abbrühen in kochendem Wasser geht sehr schnell und ist eine für mich vertretbare Prozedur. Dabei besteht allerdings die Gefahr, dass das Fleisch zäh*

*wird. Gart man das Krustentier im Sud, wird es nicht nur zäh, sondern auch trocken. Das kurze Brühen und anschließende Abkühlen hat den Vorteil, dass das Fleisch noch fast roh ist, Saft und Eiweiß bleiben erhalten. Beim Braten werden dann die Poren geschlossen, das Eiweiß, das dem Fleisch die Zartheit gibt, geht nicht verloren.*

### Teriyaki-Spieß vom Lachs mit Bohnensalat und Dashi-Sauce

*180 g frisches Lachsfilet*
*0,3 dl leichte Sojasauce*
*0,1 dl Mirin*
*0,3 dl Sonnenblumenöl*
*1 TL Sesamöl*
*10 g Dashi-Pulver*
*150 g grüne Bohnen*

Das Lachsfilet in Zwei-Zentimeter-Würfel schneiden. Sojasauce, Mirin, Sonnenblumen- und Sesamöl mit dem Dashi-Pulver zu einer Sauce verrühren. Die Lachswürfel auf vier Holzspießchen stecken und mit ca. zwei Esslöffeln der Sauce marinieren. Die Bohnen der Länge nach in dünne Streifen schneiden, in Salzwasser zwei Minuten kochen und in Eiswasser abkühlen. Gut abtropfen lassen und mit der restlichen Sauce marinieren. Die Lachs-Spieße auf einer sehr heißen Grillpfanne von beiden Seiten kurz grillen (der Fisch muß innen saftig bleiben) und mit den Bohnen anrichten.

## Gebratene Entenstopfleber mit Entenlebermousse, Avocado-Coulis und grünem Spargel

4 grüne Spargel
200 g Entenstopfleber
Salz, Pfeffer
Anis, Muskatnuss
Fünf-Gewürze-Mischung
Salz
Öl zum Braten
0,2 dl Crème double
2 TL Sesamöl
0,1 dl Mirin
1 Avocado
Zitronensaft
1 TL leichte Sojasauce
1 TL Hühnerbrühe

Vom Spargel die unteren zwei Drittel abschneiden und in etwa fünf Zentimeter dicke Scheiben schneiden. Zusammen mit den Spargelspitzen in Salzwasser weich kochen und in Eiswasser abkühlen. Die Leber in acht Scheiben à 25 Gramm schneiden, die vier schönsten Scheiben aussuchen, mit Salz, Pfeffer, einer Prise Anis und etwas Muskat vorsichtig würzen.

Auf einen Teller legen und kalt stellen. Die restlichen Scheiben und eventuelle Abschnitte mit der Fünf-Gewürze-Mischung und Salz würzen. In wenig Öl kross braten, mit dem Bratfond in eine kleine Schüssel legen und kühl stellen, bis die Leber vollkommen fest und kalt geworden ist. In den Küchenkutter geben, kurz mixen, Crème double, die Hälfte des Sesamöls und Mirin dazugeben. Noch einmal kurz mixen, abschmecken und die Mousse kühl stellen. Avocado schälen, halbieren und den Kern entfernen. Das Fruchtfleisch mit Zitrone beträufeln, grob schneiden und im Mixer pürieren. Nach Bedarf etwas Wasser zugeben, damit eine dickflüssige, sämige Sauce entsteht. Mit Salz und Zitrone abschmecken. Aus Sojasauce, Hühnerbrühe und dem restlichen Sesamöl eine Sauce rühren, damit die Spargelscheiben und die halbierten Spargelspitzen anmachen. Die reservierten Leberscheiben in sehr heißem Öl anbraten und auf den Spargel legen. Einen Löffel der Avocadosauce und eine großzügige Nocke Entenmousse dazugeben.

## Zucchini-Tempura mit Äschenkaviar und Szechuan-Pfeffer

4 große Zucchinischeiben, etwa einen halben Zentimeter dick
Salz
50 g Tempuramehl
Öl zum Frittieren
200 g Äschenrogen (oder mehr)
1 Eigelb
Szechuan-Pfeffer
Salat zum Dekorieren

Die Zucchinischeiben salzen, in das mit Wasser angerührte Tempuramehl tauchen und in nicht zu heißem Öl frittieren. Herausnehmen und abtropfen lassen. Die frittierten Scheiben auf Teller legen, den Äschenrogen darauf verteilen und auf jede Portion ein Viertel des Eigelbs geben. Mit Szechuan-Pfeffer aus der Mühle vorsichtig bestreuen und mit einigen Salatblättern dekorieren.

Das Rheinwasser bei Schaffhausen ist so gut, dass sich sogar die sehr wählerischen Äschen darin wohl fühlen. Durch eine Fischpacht erhalten wir jährlich rund ein Kilo (manchmal auch etwas mehr) Äschenrogen, den wir im Januar/Februar – Äschenrogen schmeckt nur in der kalten Jahreszeit – unseren Gästen anbieten. Für mich ist der Äschenrogen der vorzüglichste Süßwasserfisch-Rogen, super-frisch und nur leicht gesalzen eine besondere Delikatesse. Ich serviere ihn meiner Kaviar-Philosophie entsprechend als »kleines« Gericht: reichlich Kaviar und wenig sonst. Als Begleitung anstelle der Zucchini-Tempura zum Beispiel mit einer Sesam-Rösti oder einer Ofenkartoffel und etwas Butter.

Die »Lyonerpfanne« aus Eisen ist ein klassisches, sehr hitzebeständiges Kochgeschirr und ideal, wenn Produkte – egal, ob Fisch oder Fleisch, Geflügel, Wild oder Krustentiere – kross gebraten werden sollen.

## Frittierte Krebs-Ravioli mit Chinakohl, Feldsalat und Sesamsauce

*120 g Süßwasser-Krebsfleisch, ausgelöst*
*Salz*
*1 Messerspitze frischer Ingwer, geraffelt*
*1 Messerspitze Korianderblätter, gehackt*
*4 Won-Ton-Blätter, 8 x 8 cm*
*Öl zum Frittieren*
*100 g Chinakohl*
*30 g Feldsalat*

### Für die Sauce:
*1 1L Sesamsamen*
*0,2 dl leichte Sojasauce*
*0,2 dl Mirin*
*10 g frischer Ingwer, geraffelt*
*0,2 dl Sesamöl*

Das Krebsfleisch grob hacken, mit Salz, Ingwer und Koriander würzen. Die Won-Ton-Blätter auslegen, von der Krebsfüllung mit einem Esslöffel Nocken abstechen und auf die Blätter verteilen. Die Blätter zu einer Rolle falten und die Enden gut andrücken. Die Ravioli in 200 Grad heißem Öl knusprig frittieren. Den Chinakohl in dünne Streifen schneiden, den Feldsalat putzen und waschen.
Die Zutaten für die Sauce mit der Gabel oder dem Schneebesen gut verrühren, die Salate damit marinieren, auf Teller verteilen und die Ravioli darauf anrichten.

## Gedämpfte Langusten-Ravioli

*1 frischer Langustenschwanz, 80-100 g*
*25 g Rindermark*
*Salz, Pfeffer*
*Zitronengraspulver*
*2 kleine, frische Chilischoten*
*4 Won-Ton-Blätter, 8 x 8 cm*
*Öl zum Einpinseln*

Den Langustenschwanz auslösen, mit einem scharfen, spitzen Messer die äußerste Hautschicht sorgfältig entfernen. Den Schwanz an der Rückenseite auftrennen und den Darm herausziehen. Das Fleisch grob hacken. Das Rindermark kurz in lauwarmes Wasser legen, um es etwas zu erwärmen und weich zu machen. Mit einem Messer zu einer Paste zerdrücken und zum Langustenfleisch geben. Mit Salz, Pfeffer und einer Prise Zitronengraspulver abschmecken. Chilischoten halbieren, alle Kerne entfernen und die Schoten unter fließendem Wasser gründlich waschen. Dabei wird den Schoten die Schärfe entzogen, aber das Aroma bleibt erhalten. Die Schoten fein hacken, zur Languste geben und gut mischen.
Die Füllung auf die vier Won-Ton-Blätter verteilen, die Blätter einzeln in die Hand (am besten zwischen Daumen und Zeigefinger) nehmen und die Blattränder rundherum so zusammenfalten, dass eine runde, nach oben geöffnete Tasche entsteht. Die Ravioli in chinesische Dampfkörbchen legen, zuvor den Boden des Körbchens mit einem Pinsel leicht einölen. Über Dampf die Ravioli in fünf bis sieben Minuten garen, das Langustenfleisch darf nicht trocken werden, sondern soll leicht glasig bleiben. Wenn kein Dampfkörbchen vorhanden ist, nehmen Sie eine Pfanne mit Dampfeinsatz. Den Einsatz vor dem Dämpfen leicht einölen.

## Sülze von der Schweineschulter mit Kartoffelsalat und Wasabi-Sauce

*1 frische Schweineschulter mit Schwarte, ca. 1,5 kg*
*1 Stange Lauch*
*1 Sternanis*
*1 Ingwerknolle*
*8 Shiitake-Pilze, getrocknet*
*0,2 dl dicke Sojasauce*
*1 dl Hühnerbrühe*
*0,1 dl Shanghai-Essig*
*8 mittelgroße Kartoffeln*
*Lattich, Chinakohl oder Feldsalat für die Garnitur*

### Für die Sauce:
*1 Eigelb*
*0,5 dl Olivenöl*
*0,5 dl Sonnenblumenöl*
*0,5 dl Hühnerbrühe*
*0,2 dl Kräuteressig*
*20 g Wasabi-Pulver, Salz*

Die Schweineschulter in kochendem Wasser brühen, kalt abspülen und trockentupfen. Den Lauch waschen und in Scheiben schneiden. Zum Schmoren des Fleischs benötigt man zwei Pfannen mit Deckel, die ineinander passen. Auf den Boden der kleineren Pfanne Lauch, Ingwer, Sternanis und Shiitake-Pilze geben, die Schweineschulter darauflegen und mit der Sojasauce beträufeln. Hühnerbrühe und Essig dazugießen, die Pfanne schließen. Auf den Boden der größeren Pfanne eine Zeitung legen und fünf bis sechs Zentimeter hoch mit Wasser füllen. Die kleine in die größere Pfanne stellen und zudecken. Aufkochen und etwa acht Stunden am Siedepunkt halten, dabei hin und wieder etwas Wasser nachfüllen. Die Schweineschulter wird in dieser langen Zeit vollkommen gegart und bleibt dabei saftig. Die geschmorte Schulter herausnehmen, 30 Minuten ruhen lassen und das Fleisch mit einem scharfen

Messer in Drei- bis Vier-Zentimeter-Würfel schneiden. In eine Terrinenform schichten.
Den Schmorfond passieren, entfetten und über das Fleisch gießen. Die Terrine mit einem Deckel verschließen und 24 Stunden durchkühlen. Stürzen und aufschneiden. Für den Salat die Kartoffeln kochen, schälen und in Scheiben schneiden. Die Zutaten für die Sauce in den Mixer geben, aufschlagen und abschmecken. Die lauwarmen Kartoffelscheiben auf Salatblättern anrichten, mit etwas Wasabi-Sauce überziehen und die in Scheiben aufgeschnittene Sülze dazugeben.

*Hibachi heißen diese japanischen, oft mit Holzkohle beheizten Stövchen, die es aus verschiedenen Materialien und in unterschiedlichen Größen gibt. Sie eignen sich zum portionsweisen Grillen von Fisch, Fleisch und Gemüse; in der Fischerzunft servieren wir zum Beispiel die mit Langustinen gefüllten kleinen Tintenfische, wie sie auf Seite 62/63 zu sehen sind, direkt auf dem Stövchen.*

## Royale mit Scampi und Koriander

*4 Eier*
*5 dl Hühnerbrühe*
*Salz*
*4 Scampi*
*4-8 frische Korianderblätter*

Die Eier aufschlagen, verquirlen, mit der kalten Hühnerbrühe mischen und salzen. Die Scampi auslösen, Därme entfernen und das Fleisch in Stücke schneiden. In vier Töpfchen verteilen, mit der Eier-Brühe-Mischung auffüllen und mit ein bis zwei Korianderblättern dekorieren. Wie eine Karamellcreme im Wasserbad oder im Dampf etwa

15 Minuten garen (die Zeit richtet sich nach der Größe der Töpfe).

*Eierstich (= Royale) auf der Basis von Hühnerbrühe stammt aus der Shanghai-Küche und wird dort mit unterschiedlichsten Zutaten gern und häufig verwendet. Statt Scampi können es zum Beispiel Venusmuscheln, Palourdes, kleine Crevetten oder Jakobsmuscheln sein, mit verschiedenem Gemüse lassen sich die Zubereitungen wunderbar ergänzen. Durch die Hühnerbrühe (anstelle der bei uns üblichen Milch) entsteht ein viel leichteres, transparenteres Gericht.*

## Soja-Eier mit Ingwer

*12 Wachteleier*
*20 g Melasse (Glukose)*
*1 dl leichte Sojasauce*
*0,1 dl Mirin*
*0,5 dl Hühnerbrühe*
*50 g Ingwer, mariniert*

Die Wachteleier drei Minuten kochen, in Eiswasser abschrecken und schälen. Aus Melasse, Sojasauce, Mirin und Hühnerbrühe eine Marinade anrühren. Die geschälten Eier hineingeben; der Topf sollte so groß sein, dass die Eier in der Marinade schwimmen können. Die Eiweiß in der Marinade »imprägnieren«, das dauert eine knappe Stunde. Länger sollten die Eier auch nicht in der Marinade bleiben, da das Eiweiß sonst hart wird. Die Eier mit etwas Marinade und mariniertem Ingwer als Vorspeise oder Amuse bouche servieren.

## Frühlingsrolle mit Thunfisch, grünem Spargel, Linsensprossen und Soja-Wasabisauce

*12 grüne Spargel*
*Salz*
*120 g frischer, roher Thunfisch*
*10 g frischer Ingwer, geraffelt*
*0,1 dl Öl zum Anbraten*
*4 Frühlingsrollen-Blätter*
*Öl zum Frittieren*
*100 g Linsensprossen*

*Für die Sauce:*
*0,4 dl leichte Sojasauce*
*0,1 dl Mirin*
*10-20 g Wasabi-Pulver (Menge nach persönlichem Geschmack)*
*0,5 dl Sonnenblumenöl*

Die Zutaten für die Sauce mischen, gut verrühren und ca. dreißig Minuten stehenlassen, damit sich die Wasabi-Bitterstoffe auflösen können. Die Spargel schälen, die unteren Hälften abschneiden und in sehr dünne Streifen schneiden. Die Spitzen in Salzwasser zwei Minuten kochen und in Eiswasser abkühlen. Den Thunfisch in vier gleich große Streifen (etwa 2 cm dick, 6 cm lang) schneiden, mit ca. drei Teelöffeln der Sauce marinieren und darauf achten,

dass die Sauce ringsum gut in den Fisch einziehen kann.
In einer kleinen Pfanne wenig Öl erhitzen, die Spargelstreifen darin anbraten und den Ingwer zugeben. Leicht salzen und auf einem Teller abkühlen lassen.
Die Frühlingsrollen-Blätter auf dem Tisch auslegen, etwas von den Spargelstreifen in die Mitte geben, den Fisch darauf legen und mit Spargelstreifen bedecken.
Beim Einrollen der Blätter zuerst beide Seiten so über den Fisch klappen, dass ein Streifen entsteht. Den Streifen anschließend sorgfältig zusammenrollen, damit Fisch und Füllung gut eingeschlossen sind. Es ist wichtig, dass die Rollen mit dem Blattende nach unten liegen, damit sie nicht aufgehen können.
Vor dem Servieren die Rollen in 200 Grad heißem Fett sehr schnell frittieren. Um ein Aufgehen beim Frittieren zu vermeiden, gibt man die Rollen mit Holzstäbchen ins heiße Öl und hält sie mit den Stäbchen so lange fest, bis sie anfangen, knusprig zu werden und nicht mehr auseinander fallen können. Wem das zu umständlich ist, kann sich aus Mehl und Wasser einen dickflüssigen Kleister rühren und damit die Enden der Frühlingsrollen verkleben.
Die Spargelspitzen mit den Linsensprossen anrichten, mit der restlichen Sauce marinieren und die Frühlingsrollen darauf platzieren.

*Frischer Thunfisch ist – sorgfältig behandelt – ein wunderbares Produkt. Bei diesem Rezept sollte man darauf achten, dass man ein eher fettes Stück bekommt, damit der Fisch in der Hitze des Frittierens nicht trocken wird. Den Fettgehalt erkennt man an der Farbe: je heller der Fisch, desto mehr Fett hat er.*

## Gefüllter Tintenfisch mit Langustinen

*4 kleine Tintenfische*
*4 Royal-Langustinen*
*Salz, Pfeffer*
*Fünf-Gewürze-Mischung oder mildes Currypulver oder Paprika-Kreuzkümmel-Mischung (aus 1/3 Paprika und 2/3 Kreuzkümmel)*
*Sonnenblumenöl*

*Für die Sesamsauce:*
*1 TL Sesamsamen*
*0,2 dl leichte Sojasauce*
*0,2 dl Mirin*
*0,2 dl Sesamöl*
*10 g frischer Ingwer, geraffelt*

*Für die süß-saure Vinaigrette:*
*0,1 dl roter China-Essig*
*0,1 dl Hühnerbrühe*
*0,2 dl Olivenöl*
*10 g frischer Ingwer, geraffelt*
*1/2 Knoblauchzehe, geraffelt*
*Salz, Pfeffer, Zucker*

*Für die Kräuter-Vinaigrette:*
*10 g frischer Koriander, gehackt*
*10 g glatte Petersilie, gehackt*
*10 g Schalotten, gehackt*
*0,1 dl Shanghai-Essig*
*0,1 dl Sesamöl, Salz, Pfeffer*

Die Tintenfische sorgfältig putzen und gut waschen. Die Langustinen so ausbrechen, dass die Schale am Schwanz bleibt. Mit einem scharfen Messer die Rückenpartie aufschneiden und den Darm entfernen. Die Langustinen mit dem gewählten Gewürz marinieren und in die vorbereiteten, innen gewürzten Tintenfische schieben. Die Tintenfische außen nur leicht salzen (andere Gewürze verbrennen leicht) und mit etwas Öl beträufeln. Auf dem Hibachi von jeder Seite etwa eine Minute garen. Wenn die Langustinen noch ziemlich glasig sind, mit einem scharfen Messer in

Scheiben (0,5 Zentimeter) schneiden, wieder auf den Ofen legen und je nach persönlichem Geschmack fertig garen. Die Zutaten für die einzelnen Saucen verrühren und in kleinen Schalen separat zum Fisch servieren.

## Trüffelessenz mit Eierblumen und Koriander

*100 g Périgord-Trüffeln*
*1/2 l Hühnerbrühe*
*10 g Tapiokamehl*
*2 Eier*
*10 g Dashi-Pulver*
*Salz*
*1 Messerspitze frischer Koriander, gehackt*

Frische Trüffeln mit der Bürste sehr gut vom Sand reinigen und in der Hühnerbrühe bei kleiner Hitze weich kochen (ca. 30 Minuten). Herausnehmen und in Zwei-Millimeter-Scheiben schneiden. Die Brühe – falls sie etwas eingekocht sein sollte – wieder auf einen halben Liter ergänzen. Wenn Sie eingemachte Trüffel verwenden: aus der Flüssigkeit nehmen, in Scheiben schneiden und den Trüffelfond zur Hühnerbrühe geben. Das Tapiokamehl mit etwas Wasser anrühren und mit dem Schneebesen in die kochende Hühnerbrühe einrühren, bis sie leicht ölig wird. Die Eier aufschlagen, gut verquirlen und sehr sorgfältig tröpfchenweise in die sanft köchelnde Brühe fließen lassen. Dabei mit dem Schneebesen vorsichtig rühren, damit sich keine Klümpchen bilden können und die gestockten Eier wie kleine Blumen aussehen. Wichtig: Wenn die Eier in der Brühe sind, darf sie nicht mehr kochen. Die Trüffelscheiben dazugeben, mit Dashi-Pulver würzen und abschmecken. Zum Schluß den gehackten Koriander zugeben; nicht zu viel, damit der Koriander das zarte Trüffelaroma nicht übertönt.

## Shiitake-Cremesuppe mit Jakobsmuscheln

*4 schöne Jakobsmuscheln*
*0,2 dl leichte Sojasauce*
*Öl zum Braten*
*200 g Shiitake-Pilze, getrocknet*
*5 dl Hühnerbrühe*
*3 dl Crème double*
*20 g Dashi-Pulver*
*Salz, Pfeffer, Zucker*

Die Jakobsmuscheln reinigen, Corail und Häutchen entfernen; das Corail reservieren und die Muscheln mit der Sojasauce marinieren. Die uneingeweichten Shiitake-Pilze in der Hühnerbrühe weich kochen (ca. 20 Minuten), herausnehmen, Stiele entfernen und die Pilzköpfe grob hacken. Die gehackten Pilze mit der Crème double in die Brühe geben und zehn bis fünfzehn Minuten köcheln lassen. Sehr gut durchmixen (evtl. passieren) und das Dashi-Pulver zugeben. Nach Geschmack etwas gehacktes Corail in die Suppe rühren, mit Salz, Pfeffer und Zucker abschmecken. Die Muscheln aus der Sojamarinade nehmen und in heißem Öl kross braten. Die Suppe noch einmal kurz durchmixen und mit den Muscheln anrichten.

*Das Corail der Jakobsmuscheln hat einen ausgeprägten Geschmack, viele mögen ihn; andere – zu denen auch ich gehöre – haben mit dem intensiven Aroma eher etwas Mühe. Es ist also jedem selbst überlassen, ob er die Suppe mit oder ohne Corail zubereitet. Die Suppe mit Corail darf auf keinen Fall mehr kochen, da sie sonst leicht tranig wird.*

## Langustinen-Cremesuppe mit Ingwer

*12 frische Langustinen*
*0,5 dl Olivenöl*
*0,5 dl Cognac*
*150 g Gemüse-Brunoise (Schalotten, Karotten, Lauch, Sellerie; fein gewürfelt)*
*40 g frischer Ingwer*
*1 dl Marsala*
*5 dl Fischfond*
*5 dl Sahne*
*Salz, Pfeffer, Zucker*
*Butter*
*Schnittlauch*

Die Langustinenschwänze ausbrechen und die Därme entfernen. Die Karkassen waschen und mit dem Messer oder einer Küchenzange zerkleinern. Das Olivenöl erhitzen, bis es raucht, und die Karkassen darin kurz anrösten. Den Cognac zugeben und anzünden (Vorsicht: Stichflamme!). Wenn der Cognac verbrannt und einreduziert ist, die Gemüsewürfel und den Ingwer dazugeben. Unter Rühren schnell andünsten und darauf achten, dass die kleinen Gemüsestücke nicht

anbrennen. Mit Marsala ablöschen und um zwei Drittel einkochen. Fischfond und Sahne aufgießen, bei kleiner Hitze vierzig Minuten köcheln. Mit Salz, Pfeffer und einer Prise Zucker abschmecken. Durch ein grobes Sieb passieren, damit auch ein paar Gemüsewürfel in der Suppe bleiben. Gut aufmixen.

Die Langustinenschwänze auf eine gebutterte Platte legen und unter dem Salamander oder bei starker Oberhitze angaren. Mit Schnittlauch bestreuen und zur Suppe anrichten.

*Es ist schwer, die beiden Cremesuppen in kleinen Portionen zu kochen. Das gilt besonders für die Langustinen-Cremesuppe. Ich habe zwar versucht, die Mengen auf ein Minimum zu reduzieren, würde Ihnen jedoch empfehlen, mehr zu kochen: Verdoppeln, besser noch verdreifachen Sie die Zutaten. Der Aufwand ist annähernd gleich, das Ergebnis aber viel, viel besser. Beide Suppen eignen sich hervorragend zum Einfrieren. Wichtig ist nur, dass Sie die Garzeiten nicht allzusehr ausdehnen, damit sämtliche Aromastoffe erhalten bleiben. Beim Wiederaufkochen der Suppen noch einmal abschmecken, weil sie durch das Einfrieren etwas schärfer geworden sein könnten.*

*Diese traditionellen Koch-»Löffel« aus dem alten China hängen nicht zur Dekoration in der Fischerzunft-Küche, sie werden noch immer benutzt. Kelle und Schöpfer sind aus Eisen und nicht zufällig so geformt (oder verformt): Ihre Rundungen passen perfekt zu denen des Wok.*

## Kalte Curry-Consommé mit Hummer, Tomaten, Papaya und Gurken

1 Hummer, ca. 600 g
0,1 dl Olivenöl
4 Pouletschenkel
30 g sehr mildes Currypulver
1 l Hühnerbrühe
10 g frischer Ingwer, geschält
10 g frische Korianderblätter
1 Bouquet garni (Lauch, Sellerie, Schalotten, Kräuter nach persönlichem Geschmack)

Salz, Zucker
2 Tomaten
1/2 Papaya
100 g Salatgurke
50 g Glasnudeln

Den Hummer in kochendem Wasser abbrühen, glasig kochen, herausnehmen, abkühlen und auslösen. Die Karkassen zerkleinern. Olivenöl in einer Pfanne erhitzen, die halbierten, gewaschenen Pouletschenkel hineingeben und auf allen Seiten kurz anbraten. Die Hummer-Karkassen dazugeben und mit dem Curry bestreuen. Kurz andünsten und mit der Hühnerbrühe auffüllen. Ingwer, Korianderblätter (vier schöne Blätter zum Garnieren reservieren) und Bouquet garni dazugeben. Aufkochen und bei kleiner Hitze etwa vierzig Minuten simmern lassen. Hin und wieder abschäumen und entfetten. Mit Salz und Zucker abschmecken, durch ein Küchentuch vorsichtig abseihen und kalt stellen. Die Tomaten schälen, entkernen und in Streifen schneiden; Papaya schälen, entkernen und in Streifen schneiden; Gurke waschen und halbmondförmig zurechtschneiden. Die Glasnudeln in Salzwasser weich kochen, abgießen und abkühlen lassen. Hummerfleisch und Nudeln auf vier kalte Suppenteller verteilen, Tomaten, Papaya und Gurken dazu anrichten, mit Koriander garnieren und mit der kalten Consommé aufgießen.

*Diese Art Brühe eignet sich – lauwarm serviert – auch als Zwischengericht in einem großen Menü und ersetzt bestens das oft störende Sorbet. Ein Zwischengang soll meiner Meinung nach erfrischen und – besonders vor einem möglicherweise folgenden edlen Rotwein – neutralisierend wirken. Ob dies ein säurebetontes, zum Teil alkoholhaltiges Sorbet schafft, überlasse ich dem Urteil meiner Leser.*

163

## Doppeltgebrühte Tauben-Essenz mit Shiitake und Wintergemüse

1 Taube
4 Chinakohlblätter
2-3 Lattichblätter
4 Shiitake-Pilze, getrocknet
1/4 Wintermelone
Salz

### Grundrezept für die Hühnerbrühe:

1 Huhn/Hähnchen, ca. 800 g
1 Stange Lauch
1 Zwiebel
2 Karotten
1/8 Sellerieknolle
3 Shiitake-Pilze, getrocknet
2 chinesische Jakobsmuscheln, getrocknet

Gemüse für die Hühnerbrühe putzen und grob schneiden, zusammen mit dem vorbereiteten Huhn in eine mittelgroße Pfanne geben und mit reichlich kaltem Wasser aufgießen. Rund vier Stunden köcheln lassen, dabei immer wieder abschäumen und entfetten, damit eine klare Brühe entsteht. Passieren und abkühlen lassen. Am besten wird die Brühe mit normalen Grillhähnchen, da sie nicht zu fett sind. Die Brühe gelingt besser, wenn man sie nicht in zu kleinen Portionen kocht, d.h. lieber mit zwei als mit einem Hähnchen kochen. Taube, Chinakohl, Lattich und Pilze in eine Pfanne geben. Die geschälte, entkernte und in Scheiben geschnittene Wintermelone dazugeben und mit der Hühnerbrühe aufgießen. Auf kleinem Feuer eineinhalb bis zwei Stunden sanft köcheln lassen, auch dabei abschäumen und entfetten. Die Taube aus der Brühe nehmen, das Fleisch vorsichtig von den Knochen lösen, in Streifen schneiden und in Suppentassen verteilen. Die Pilze herausnehmen, in Scheiben schneiden und zum Fleisch geben. Die Brühe leicht salzen, noch einmal aufkochen und mit dem Gemüse in die vorbereiteten Tassen geben.

*Diese Essenz ist ein schönes Beispiel dafür, dass man mit wenig Aufwand aromatische, klare und sehr bekömmliche Suppen herstellen kann. Das Rezept funktioniert gleich gut mit Enten oder Wachteln und sogar mit Wild. Die Essenz ist nicht nur Vorspeise, sondern auch ein harmonischer kleiner Zwischengang, den ich gern anstelle des von mir wenig geliebten Sorbets serviere. Die Brühe kann als kalte oder warme Consommé mit Fisch oder Meeresfrüchten angerichtet werden, als Ergänzung passen nicht zu süße Früchte wie Melonen oder Papaya und Gemüse. Da die Essenz ihren wunderbaren Geschmack allein aus den Produkten bekommt, empfehle ich, auf Gewürze ganz und gar zu verzichten.*

## Jakobsmuscheln mit Sojasauce, Wasabi und Radieschen

8 mittelgroße, sehr frische Jakobsmuscheln
20 g Wasabi-Pulver
12 große Radieschen
1 dl leichte Sojasauce
0,1 dl Mirin
0,2 dl Hühnerbrühe
1 TL Sesamöl

Die Jakobsmuscheln parieren, Häutchen und Corail entfernen. Auf ein Küchentuch legen und abtropfen lassen. Das Wasabi-Pulver mit etwas Wasser anrühren, mit einem Teelöffel sehr gut und lange durchrühren, weil sich durch das Rühren das Aroma besser entfaltet.
Die Radieschen in lange, dünne Streifen schneiden: Mit einem Sparschäler die Radieschen wie Äpfel schälen, dabei jedoch nicht nur die rote Haut abschälen, sondern immer weiter »schälen«, damit ein langes Band entsteht. Am Ende das Band wieder zusammenrollen und mit einem scharfen Messer dünne Scheiben von der Rolle schneiden – so entstehen lange Streifen. Sojasauce, Mirin, Hühnerbrühe und Sesamöl mischen und in vier kleine Schalen verteilen.
Die Jakobsmuscheln in vier Millimeter dünne Scheiben schneiden, anrichten und auf jede Scheibe einen Tupfer Wasabi geben. Die Radieschenstreifen dazulegen und mit der Sauce zum Tunken servieren.

*Das Schöne am Wasabi, der grünen japanischen Meerrettichwurzel: Sie ist trotz ihrer Schärfe nicht aggressiv und betäubt die Geschmacksnerven nicht. Ich empfinde Wasabi eher als „reinigend" und bin immer wieder erstaunt, wie er den Gaumen und die Sinnesorgane auf nachfolgende Gerichte vorbereitet. Interessant finde ich, was die Radieschen in dieser Zubereitung bewirken. Der Japaner benutzt durchweg in Eiswasser abgeschreckten Rettich, damit er fest und knackig ist. Gut für die Konsistenz, nicht gut für den Geschmack, weil das Wässern viel Aroma wegnimmt. Frische Radieschen haben eine kühle Schärfe, die nur kurz zu spüren ist und nicht anhält. Nimmt man Jakobsmuscheln, etwas Wasabi und etwas Radieschen, tunkt alles in die Sauce, damit sich Wasabi mit Soja tränken kann, findet im Mund eine Explosion von Aromen statt, die allmählich ineinander fließen.*

*Bei uns ist Wasabi vor allem in Pulverform – und in verschiedenen Qualitäten – erhältlich. Ist das Pulver oliv bis grau, kann man annehmen, dass die Qualität mittelmäßig ist. Je heller und pastellgrüner, desto höher die Qualität. Das Pulver ist jedoch nicht mit der frischen Wasabiwurzel zu vergleichen, die nach Bedarf mit einer speziellen Raffel portionsweise zu jedem Gericht gerieben wird. Durch die immer größer werdende Nachfrage ist Wasabi heute ein gesuchter, rarer Artikel, der Preis steigt jährlich, ganz besonders, wenn man frische Wurzeln will, die nur begrenzt haltbar sind.*

*Wenn man à la chinoise kochen möchte, zählt der Wok aus Gusseisen zu den wichtigsten Utensilien. Wir benutzen ihn in der Fischerzunft-Küche für die unterschiedlichsten Zubereitungen. Nicht nur zum Dünsten und Braten, sogar als Frittier-»Pfanne« ist der Wok – weil kein Fett überschäumt – bestens geeignet. Unseren Klassiker, die Langustinen in Nudeln, frittieren wir zum Beispiel in diesem Wok.*

## Kleine Langusten mit Karotten und Anis

*4 frische Langusten, ca. 200 g pro Stück*
*Butter zum Dünsten*
*2 Karotten, geschält*
*Salz, Zucker*
*0,1 dl Mirin*
*30 g Butter*
*1 Messerspitze Anis, gemahlen*
*Frisches Bohnenkraut*

Die Langusten in reichlich kochendem Wasser kurz brühen, herausnehmen und abkühlen. Die Schwänze abtrennen und auslösen. Die Därme entfernen und das Fleisch in gleichmäßige Stücke schneiden. Eine Karotte in dünne Scheiben (wie für Vichy-Karotten), die zweite Karotte in feine Würfel schneiden. Scheiben und Würfel getrennt in Wasser mit Salz und Zucker kochen. Mirin erwärmen und mit dem Schneebesen die Butter einrühren, mit Salz und Anis die Sauce abschmecken und die Karottenwürfel dazugeben. In einer Teflonpfanne etwas Butter schmelzen, die Langustenstücke und die Karottenscheiben hineingeben. Kurz andünsten, mit Salz und Anis abschmecken. Auf Tellern anrichten, mit der Sauce nappieren und mit frischem Bohnenkraut garnieren.

*Wichtig ist, die kurze Garzeit der Langusten zu beachten, damit das Fleisch zart und schmelzend bleibt. Das Bohnenkraut hat nicht nur eine dekorative Funktion. Sein Aroma balanciert die Fettstoffe der Butter aus und gibt dem Gericht Frische.*

## Jakobsmuscheln mit Blackbeans-Gemüse

*4 schöne, große Jakobsmuscheln*
*0,2 dl leichte Sojasauce*
*Öl zum Braten*
*100 g Lauch, nur das Weiße*
*20 g rote Paprika, geschält und ohne Kerne*
*10 g frischer Ingwer, geschält*
*20 g Blackbeans-Paste mit Knoblauch*

Die Jakobsmuscheln sorgfältig parieren, d.h. Häutchen und Corail entfernen. Die Muscheln gut abtrocknen und mit der Sojasauce 30 Minuten marinieren.
Den Lauch waschen, in vier Zentimeter lange, dünne Streifen schneiden. Paprika und Ingwer ebenfalls in dünne Streifen schneiden. Die Muscheln aus der Marinade nehmen und in heißem Öl kross braten. Gemüse nacheinander in wenig Öl heiß anbraten, Blackbeans-Paste und etwas von der Muschelmarinade dazugeben. Die Hitze sofort reduzieren, weil die Marinade beim Untermischen nicht mehr einkochen darf. (Durch Einkochen würde das Ganze zu scharf werden; eventuell etwas Wasser zugeben, um die Schärfe zu mildern.)

## Zanderragout mit Zucchini, Paprika und Blackbeans

*200 g Zanderfilet*
*1 kleine Zucchini; 160 g*
*60 g rote Paprika, geschält und in Rhomben geschnitten*
*0,1 dl Sonnenblumenöl*
*20 g Blackbeans-Paste mit Knoblauch*
*0,2 dl Hühnerbrühe*
*1 Prise Zucker*

Vom Zanderfilet die Haut abziehen und die Seitengräte mit einer kleinen Zange herausziehen. Den Fisch in einen Zentimeter breite Streifen schneiden. Die Zucchini waschen, in drei Millimeter breite und vier Zentimeter lange Streifen schneiden. Öl in einer beschichteten Pfanne erhitzen, Zucchini und Paprika darin anbraten, gut durchrühren und den Fisch zugeben, wieder umrühren, Blackbeans-Paste und Hühnerbrühe dazugeben. Sorgfältig schwenken und mit einer Prise Zucker abrunden. Vorsichtig die Pfanne bewegen und die Hitze regulieren, damit die Fischstücke nicht verkochen und zerfallen.

*Blackbeans bekommt man in verschiedenen Versionen: getrocknet, in der Dose, gefroren; als Sauce oder dickflüssige Paste mit Knoblauch oder mit Knoblauch, Ingwer und Chili. Blackbeans passen gut zu Fisch, Hummer, Geflügel und Schweinefleisch. Da sie sehr streng schmecken und ziemlich salzig sind, muss man sie sparsam verwenden.*

## Pfannengerührte Crevetten mit getrockneten Tomaten und Shanghai-Balsamico-Essig

*12 große, frische Riesencrevetten*
*0,2 dl Olivenöl*
*20 g Lauch, gehackt*
*10 g frischer Ingwer, geraffelt*
*1 Messerspitze Knoblauch*
*0,1 dl Hühnerbrühe*
*1 dl Shanghai-Balsamico-Essig*
*0,1 dl leichte Sojasauce*
*10 g Zucker*
*1 TL Sesamöl*
*2 getrocknete Tomaten*

Die Crevetten waschen und mit einem Küchentuch trocken tupfen. In einer tiefen Bratpfanne oder einem Wok das Olivenöl erhitzen und die ganzen Crevetten darin anbraten. Die Hitze etwas reduzieren, Lauch, Ingwer und Knoblauch dazugeben. Kurz schwenken, mit der Hühnerbrühe und einem Esslöffel Shanghai-Essig ablöschen. Zudecken und dünsten, bis die Crevetten glasig sind. Dazu das Kochgeschirr vom Herd nehmen und einfach zugedeckt stehen lassen.
Den restlichen Essig mit Sojasauce, Zucker und Sesamöl gut vermischen. Die Tomaten in dünne Streifen schneiden und dazugeben. Den Deckel von Bratpfanne oder Wok nehmen, das Ganze noch einmal auf den Herd stellen und aufkochen. Dabei die Crevetten ein- bis zweimal wenden und warten, bis die Flüssigkeit fast ganz einreduziert ist und der Bratensatz an den Crevetten haften bleibt.
Die Crevetten anrichten und die Soja-Essig-Tomatensauce zum Tunken dazu servieren.

*Dies ist eine ideale Zubereitungsart für alle festfleischigen Krustentiere wie Hummer, Langusten, Crevetten. Natürlich kann man Hummer oder Langusten nicht im Ganzen »in der Pfanne rühren«, sie müssen kurz abgebrüht und danach (mit Schale) in Stücke zerteilt werden.*
*Beim Hummer werden die Zangen vorher etwas geknackt.*
*Diese Garmethode ist schonend und bringt das Aroma der Krustentiere ohne schwere Begleitsaucen bestens zur Geltung.*

## Wildlachs mit Sojabohnen-sprossen, Bambussprossen und Oystersauce

*4 schöne Eisbergsalatblätter*
*180 g frischer Wildlachs*
*100 g Bambussprossen*
*0,1 dl Olivenöl*
*30 g Sojabohnensprossen*
*0,1 dl Oystersauce*
*0,1 dl Hühnerbrühe*
*Frischer Koriander, gehackt*

Die Salatblätter waschen, gut abtropfen und auf Teller verteilen. Den Lachs und die Bambussprossen in Ein-Zentimeter-Würfel schneiden. In einem Wok oder einer beschichteten Pfanne das Olivenöl erhitzen, zuerst die Bambussprossen hineingeben und braten, bis sie etwas Farbe haben. Die Sojabohnensprossen in die Pfanne geben und kurz mitdünsten. Die Lachswürfel dazugeben und bei ziemlich starker Hitze kräftig durchschwenken, damit sie etwas Farbe bekommen, innen aber saftig-roh bleiben. Die Pfanne vom Herd nehmen, Oystersauce und Hühnerbrühe hinein geben und behutsam mischen, damit sich Öl, Brühe und Oystersauce verbinden. Mit einem Löffel die Mischung in die Salatblätter einfüllen und den Koriander darüber streuen. Eine gute, wenn auch nicht zwingend notwendige Beilage sind in heißem Öl kurz frittierte frische Reisblätter.

*Mit diesem Gericht verbindet mich ein Erlebnis, das über zwanzig Jahre zurückliegt: ein einfaches, jedoch umso aufregenderes Nachtessen mit Freunden in Shatin. Neben vielen köstlichen Gerichten gab es ein knackiges Eisbergsalatblatt und dazu eine dampfende Schüssel gehacktes »Irgendwas«. Es war sautierte Taube mit Shiitake-Pilzen und Ingwer, die man löffelweise in den Salat füllte und von Hand aß. Welch ein Genuss! Seither sind mir zu*

*diesem Thema verschiedene Füllungen eingefallen, immer der Idee mit dem Essen aus einem Salatblatt treu bleibend. Sei es nun Lachs in Würfeln, Butt in Scheiben, Lamm gehackt oder Ente mit Hoi Sin.*

## Knusprig gebackener Hecht mit fünf chinesischen Gewürzen und Wasabi-Mousseline

*1 frischer Hecht*
*20 g Fünf-Gewürze-Mischung*
*30 g Tempuramehl*
*Öl zum Frittieren*

### Für die Mousseline:
*1 Eigelb*
*Etwas Shanghai-Essig*
*1 dl Olivenöl*
*0,3 dl Sesamöl*
*10 g Wasabi-Pulver, Salz*

Den Hecht schuppen, ausnehmen, gut waschen und abtrocknen. Mit einem sehr scharfen Messer in 0,5 Zentimeter dicke Lamellen so schneiden, dass man mit jedem Schnitt die Seitengräte durchtrennt. Sparsam salzen. Mit der Gewürzmischung bestäuben und die Gewürze leicht in das Fischfleisch einreiben, damit sie gut einziehen können. Will man den Fisch im Ganzen zubereiten, braucht man eine Pfanne in der Größe des Fischs, das dürfte schwierig sein. Man kann den Fisch auch zerteilen. Vor dem Frittieren die Stücke oder den ganzen Fisch sehr sorgfältig mehlieren; es ist wichtig, dass zwischen den einzelnen Schnittstellen das Mehl bis zum Rückgrat eindringt, damit die Lamellen beim Frittieren nicht zusammenkleben.
Öl auf ca. 180 Grad erhitzen, den Hecht hineingeben und – weil der Fisch obenauf schwimmen wird – ständig übergießen, damit er wirklich schön knusprig wird.
Die Zutaten für die Sauce zu einer

Mayonnaise verrühren und zum frittierten Hecht in kleinen Schalen separat servieren.

*Diese Art der Zubereitung eignet sich gut für magere, grätenreiche Fische wie Hecht, Zander, Egli, Barbe oder Karpfen. Sinn des Frittierens ist es, die lästigen Gräten essbar zu machen – sie sollen beim Essen weder stören noch gar gefährlich werden können. Es ist klar, dass diese Garmethode den Fan saftig gebratener Fischfilets nicht begeistern wird. Mir persönlich gefällt das Frittieren in dieser Form – zum Beispiel als Abwechslung im Menüplan an heißen Sommertagen. Ich würde die knusprigen Fischstücke sogar zum Aperitif empfehlen.*

## Scampi mit Sellerie und Nuss-Sesamcreme

*200 g frische Scampi-Schwänze*
*Salz, Pfeffer*
*1/4 Sellerieknolle*
*Öl zum Frittieren*

### Für die Sauce:
*2 dl saure Sahne*
*0,1 dl Sesamöl*
*Salz, Pfeffer*
*50 g Baumnusskerne, grob gehackt*

Die Scampi-Schwänze auslösen, Därme entfernen und das Fleisch grob hacken. Mit Salz und Pfeffer würzen. Sellerie schälen und in Streifen schneiden (einen Millimeter dick, fünf Zentimeter lang). Das gehackte Scampi-Fleisch in vier Teile teilen, zu kompakten Bällchen formen und in den Selleriestreifen wälzen. Die Streifen gut andrücken, damit die Bällchen davon komplett umhüllt sind. In nicht zu heißem Öl (ca. 160 Grad) frittieren, bis die Selleriestreifen knusprig sind. Gut abtropfen lassen. Die Zutaten für die Sauce verrühren, abschmecken und zu den Scampi-Bällchen servieren.

*Wenn man bei Langustinen oder Scampi zu Messer und Gabel greifen muss, dann ist die Freude an den Meeresfrüchten dahin. Leider geschieht das noch viel zu oft. Diese schönen Produkte, die immer seltener werden, haben ein Anrecht auf behutsamen Umgang. Sie enthalten viel Eiweiß, und genau das belässt das Fleisch zart und glasig – wenn man es sanft gart. Bei zuviel Hitze koaguliert das Eiweiß, mit anderen Worten: Das Fleisch wird zäh. Aus dem gleichen Grund geraten auch Rind oder Lamm besonders zart, wenn man sie unter der Eiweiß-kritischen Temperatur von 80 Grad zubereitet. Um Scampi, Langusten und Langustinen vor Hitze zu schützen, hülle ich sie gern in einen schonenden Mantel, zum Beispiel aus Teig. Die kleine Mühe wird durch bessere Konsistenz und unvergleichlichen Geschmack belohnt.*

**Will man langsam und schonend schmoren, sind chinesische Ton- oder Lehmkochtöpfe die besten Helfer: Das Natur-Material leitet die Hitze sanft und gleichmäßig. Das Gar-Prinzip gleicht dem des »Römertopfs«.**

## Langusten-Roulade mit Tomaten-Gurkensalat und Koriander

1 Langustenschwanz, 150-200 g
Salz, Pfeffer
1 Messerspitze frischer Ingwer, gehackt
1 Messerspitze Sesamsamen, geröstet
10 g Mehl, 1 Ei
2 Scheiben frisches Weißbrot, ohne Rinde
10 g Wildreis, gekocht und gehackt
10 g Schnittlauch
30 g Butter zum Braten

### Für die Crêpes:
2 Eier
10 g Mehl
0,2 dl Milch
Salz

### Für den Salat:
2 Tomaten
120 g Salatgurke
0,1 dl Shanghai-Essig
0,2 dl Olivenöl
Salz, Pfeffer
Frische Korianderblätter

Den Langustenschwanz auslösen, den Darm entfernen und mit einem scharfen Messer die oberste Hautschicht ablösen. Das Fleisch hacken, mit Salz und Pfeffer würzen. Ingwer und Sesam dazugeben und gut mischen.
Eier und Mehl glatt verrühren, die Milch dazugeben, leicht salzen und aus diesem Teig vier Crêpes (10 Zentimeter Durchmesser) backen. Das Langustenfleisch auf die Crêpes verteilen, einrollen und die Enden abschneiden. Die Crêpes kurz in Mehl drehen und in verquirltes Ei legen. Das Weißbrot reiben, mit dem Reis mischen, den Schnittlauch dazugeben und damit die Crêpes panieren. In aufschäumender Butter goldbraun braten.

Die Tomaten schälen, entkernen und in Streifen schneiden. Die Gurke schälen, halbieren und mit einem Kaffeelöffel das Kerngehäuse entfernen. In Drei-Millimeter-Scheiben schneiden. Aus Essig, Olivenöl, Salz, Pfeffer und frisch gehacktem Koriander eine Sauce herstellen, die Gurken und Tomaten damit marinieren. Die gebratenen Crêpes in Stücke schneiden, auf dem Tomaten-Gurkensalat anrichten und mit Korianderblättern garnieren.

## Gemüse-Kim-Chee mit Rochenflügel und Langustinen

2 Rochenflügel
4 Langustinen
Salz, Pfeffer
0,1 dl Öl

### Für das Kim-Chee:
160 g Chinakohl
30 g Karotten
Salz, Zucker
30 g rote Paprika
30 g grüne Oliven
0,3 dl roter China-Essig
0,1 dl Sesamöl
0,2 dl Olivenöl
Salz, Pfeffer
1 Messerspitze Knoblauch, gepresst
1 Chilischote
30 g Silberzwiebeln, in Essig eingelegt
10 g Kapern

Die Rochenflügel filieren und die vier Filets enthäuten; die Langustinenschwänze ausbrechen und die Därme entfernen.
Die Langustinen in die Rochenflügel einrollen und die Rollen in zwei Zentimeter dicke Stücke schneiden. Die Stücke mit einem dünnen Spieß oder einer Bratennadel feststecken, würzen, leicht einölen und grillen. Die Abschnitte vom Aufschneiden der Rollen kann man als Suppeneinlage oder als Füllung für Fisch-Ravioli verwenden.
Für das Gemüse den Chinakohl in zwei Zentimeter breite Streifen schneiden, waschen und abtropfen lassen. Die Karotten schälen, mit der Aufschnittmaschine in zwei Millimeter dicke Streifen und dann in Rhomben schneiden. In Wasser mit Salz und Zucker kochen. Die Paprika schälen, entkernen und das Fruchtfleisch in Rhomben schneiden. Die Oliven entkernen und vierteln. Aus Essig, Sesamöl, Olivenöl, Salz, Pfeffer und Knoblauch eine Marinade rühren. Die Chilischote mit Kernen fein hacken und zur Marinade geben. Das Kim-Chee wird durch die Chilischote sehr scharf. Wer es milder möchte, sollte die Schote vor dem Hacken halbieren, entkernen und waschen. Alle Gemüse, auch die Silberzwiebeln und Kapern, in die Marinade geben und bei Zimmertemperatur ca. zwei Stunden ziehen lassen.
Die gegrillten, gefüllten Rochenstücke auf dem marinierten Gemüse anrichten.

## Steinbutt mit Meaux-Senf, Chinakohl und Ingwer

*500 g Steinbutt, ohne Haut und Gräten*
*40 g Meaux-Senf*
*25 g Butter zum Braten*
*400 g Chinakohl*
*0,1 dl Olivenöl*
*30 g Ingwer, mariniert*

Das Steinbuttfilet in vier gleich große Streifen schneiden, mit der Hälfte des Senfs ringsum bestreichen und zehn Minuten ziehen lassen. Die Butter aufschäumen und die Fischstücke darin von beiden Seiten braten. Chinakohl in zwei Zentimeter breite Streifen schneiden, waschen und gut abtropfen lassen. Nur das unterste Stielende vom Kohl entfernen und die Blattrippen voll erhalten, denn durch sie bekommt das Gemüse Biss und Struktur. Das Öl erhitzen, den Kohl hineingeben und eine Minute unter Rühren anbraten, bis die Blätter anfangen, an Spannung zu verlieren. Die Pfanne vom Feuer nehmen, den restlichen Senf und den Ingwer unterrühren, gut mischen und noch einmal auf den Herd zurückstellen. Aufpassen, dass erstens der Senf nicht anbrennt (er würde dadurch bitter werden) und zweitens der Kohl kein Wasser zieht. Vor dem Anrichten das Gemüse noch einmal durchrühren, eventuell leicht nachsalzen, was aber nicht unbedingt erforderlich sein muss, da Ingwer und Senf bereits gesalzen sind.

## Grillierte Rotbrasse mit Frühlingszwiebeln, Shiitake und Paprika in Oystersauce

*1 Rotbrasse, ca. 800 g*
*Salz, Pfeffer*
*Öl zum Bestreichen*
*200 g Frühlingszwiebeln*
*8-10 frische Shiitake-Pilze*
*1/2 rote Paprika*
*1/2 gelbe Paprika*
*0,2 dl Olivenöl zum Dünsten*
*Frischer Koriander*

### Für die Sauce:
*0,2 dl Olivenöl*
*20 g Frühlingszwiebelgrün, gehackt*
*10 g Schalotten, gehackt*
*10 g Ingwer, geschält und fein gehackt*
*0,5 dl Hühnerbrühe*
*0,4 dl Oystersauce*
*l0 g Tapiokamehl*

Die Rotbrasse schuppen, ausnehmen und filetieren, auf der Hautseite zentimeterbreit einschneiden, mit Salz und Pfeffer würzen. Mit wenig Öl bestreichen und auf dem Grill garen. Die Frühlingszwiebeln waschen, zehn Zentimeter über der Knolle abschneiden, das Grün für die Sauce hacken. Die Zwiebeln kurz blanchieren und in Eiswasser abschrecken. Shiitake waschen und die Stiele entfernen. Paprika schälen, Kerne und weiße Innenhäute entfernen, in Streifen schneiden.
Für die Sauce das Olivenöl erhitzen Frühlingszwiebelgrün, Schalotten und Ingwer darin andünsten, mit der Hühnerbrühe ablöschen und die Oystersauce dazugießen. Tapiokamehl mit etwas Wasser anrühren, zu den anderen Zutaten geben und aufkochen, bis die Sauce bindet (sie sollte leicht ölig sein). Frühlingszwiebeln, Shiitake und Paprikastreifen in sehr heißem Olivenöl andünsten, die Sauce dazugeben und aufkochen.
Die Gemüse in der Sauce anrichten, frischen Koriander darüber streuen und den gegrillten Fisch dazugeben.

*Diese Art der Zubereitung stammt aus der kantonesischen Küche, sie ist ein gutes Beispiel dafür, wie man kalorienarm (d.h. ohne Butter und Sahne) mit sehr ausgeprägtem Geschmack kochen kann.*

*Die Matten aus dünnen, mit Baumwollschnur zusammengehaltenen Bambusstäbchen sind ideal zum Einrollen der berühmten Sushi-Spezialitäten, weil man damit sehr präzise arbeiten kann. Die Matten eignen sich auch zum Ausdrücken überschüssiger Flüssigkeit (zum Beispiel bei gekochtem Spinat) und sind – siehe Seite 78/79 – eine originelle Servier-»Platte«.*

## Tempura von Ölsardinen mit Tomaten-Silberzwiebelsalat

*12 Kirschtomaten*
*12 kleine Silberzwiebeln, in Essig eingelegt*
*0,1 dl roter China-Essig*
*0,2 dl Olivenöl*
*Salz, Pfeffer*
*4 ganze Ölsardinen ohne Gräten*
*(aus der Dose)*
*10 g Sesamsamen*
*30 g Tempuramehl*
*Öl zum Frittieren*

*Für die Sauce:*
*1 dl leichte Sojasauce*
*0,5 dl Hühnerbrühe*
*0,5 dl Mirin*
*10 g frischer Koriander, gehackt*
*20 g weißer Rettich, geraffelt*

Kirschtomaten und Silberzwiebeln in etwa vier Millimeter dicke Scheiben schneiden, mit China-Essig, Olivenöl, Salz und Pfeffer anmachen und gut zehn Minuten ziehen lassen.
Sardinen aus dem Öl nehmen, auf Küchenpapier legen und gut abtropfen lassen. Die Sesamsamen in der Pfanne rösten, über die Sardinen streuen und leicht andrücken.
Aus Tempuramehl, Wasser und einer Prise Salz einen Teig rühren, die Sardinen am besten mit einer Gabel hineingeben und vorsichtig wenden. Dabei darauf achten, dass die Fische vollständig von Teig umhüllt sind und dass der Teig nicht zu dünn ist, damit er gut an den öligen Sardinen haftet. In 180 Grad heißem Öl die Fische nacheinander frittieren, abtropfen lassen und auf dem Tomaten-Silberzwiebelsalat anrichten.
Die Zutaten für die Sauce mischen, abschmecken und dazu servieren.

*Wichtig für dieses Rezept ist die säurebetonte Beilage, um das Öl zu neutralisieren. Ich könnte mir vorstellen, dass diese Art der Zubereitung auch mit frischen Heringen oder Sardellen ausgezeichnet funktioniert.*

## Gebratene Rochenflügel mit kleinem Gemüse und Kwang-Tung-Cremesauce

*300 g Rochenflügel*
*Salz, 1 dl Sahne*
*Butter zum Braten*
*1 Kartoffel, 1 Sellerie*
*1 Zucchini*

*Für die Sauce:*
*1 Schalotte, fein gehackt*
*20 g Butter*
*1 dl Noilly Prat oder Shao-Xing-Wein*
*3 dl Sahne*
*20 g Kwang-Tung-Gewürz*
*Salz, Zucker*

Für die Sauce die Schalotte in aufschäumender Butter andünsten; nach Belieben kann man Haut und Gräten vom Rochenflügel klein schneiden und kurz mitdünsten. Mit Noilly Prat oder Shao-Xing-Wein ablöschen, um die Hälfte einkochen und die Sahne zugießen. Kwang-Tung-Gewürz einrühren und ca. 15 Minuten bei kleiner Hitze köcheln. Mit einer Schaumkelle Gräten etc. herausnehmen und die Sauce mit dem Stabmixer aufmixen. Mit Salz und einer Prise Zucker abschmecken.
Kartoffel und Sellerie schälen, in kleine Würfel schneiden und in Salzwasser knackig blanchieren. Zucchini waschen und würfeln. Die Gemüsewürfel in einer Teflonpfanne mit etwas Butter goldbraun braten.
Den filierten und enthäuteten Rochenflügel in vier gleich große Stücke schneiden, salzen, rundum in die Sahne tunken und in Butter schwimmend braten, bis eine leichte Kruste entsteht. Die Sahne gibt beim Braten dem Fisch ein wunderbares Karamell-Aroma.
Die Gemüsewürfel auf vorgewärmten Tellern verteilen, mit der heißen, noch einmal aufgemixten Sauce umgießen und den Fisch darauf anrichten.

## Rochenflügel mit Zimtnudeln und Forellen-Croûtons

*300 g Rochenflügel*
*100 g chinesische Glasnudeln*
*2 Zimtstangen*
*2 dl Hühnerbrühe*
*100 g Lachsforellenfilet*
*Salz, Mehl zum Mehlieren*
*Öl zum Frittieren*

Die Rochenflügel filieren, die Haut abziehen und das Fischfleisch in vier gleich große Stücke schneiden. Salzen, mit etwas Öl beträufeln und grillen. Das Lachsforellenfilet in kleine Würfel schneiden, salzen, mehlieren und vor dem Anrichten in heißem Öl kross frittieren. Die Glasnudeln in Salzwasser vier bis fünf Minuten kochen, abschütten und abkühlen lassen. Die Zimtstangen in der heißen Hühnerbrühe dreißig Minuten ziehen lassen. Zimt herausnehmen, die kalten Glasnudeln hineingeben und kurz aufkochen. Die Nudeln, die dann zwei Drittel der zimtgewürzten Hühnerbrühe aufgesogen haben, mit Salz abschmecken, auf Teller verteilen und mit der restlichen Brühe begießen. Den gegrillten Fisch auf den Nudeln anrichten und mit den Forellen-Croûtons bestreuen.

*Der Rochen zählt nicht gerade zu den Favoriten der großen Küche, viele Gourmets schrecken bereits vor dem Namen zurück. Schade, meiner Meinung nach wird dem schmackhaften Meeresbewohner unrecht getan. Man sollte zugreifen, wann immer Rochen im Angebot ist. Nur: Absolut frisch muss er sein, weil er schnell sehr unangenehm nach Ammoniak zu riechen beginnt. Rochen lässt sich nicht nur braten, grillen oder frittieren, sondern auch bestens im Wurzelsud garen, als Suppeneinlage verwenden oder pochiert mit Kapern, Zitrone, Butter und einem Schuss Essig genießen – so mögen ihn die Bretonen am liebsten.*

## Frittierte Rochenflügel-Streifen mit Tomaten-Papaya-Currysalat

*300 g Rochenflügel*
*Salz*
*100 g Tempuramehl*
*Öl zum Frittieren*
*1/2 Papaya*
*2 Tomaten*
*0,2 dl Hühnerbrühe*
*10 g mildes Currypulver*
*20 g Butter*
*Kräuter für die Garnitur*

Rochenflügel filieren, die Haut abziehen und den Fisch wie gewachsen in Streifen schneiden. Leicht salzen. Tempuramehl und Wasser zu einem dickflüssigen Backteig verrühren und salzen. Die Rochenflügel-Streifen in den Teig tauchen und in heißem Öl frittieren.
Die Papaya und die Tomaten schälen, entkernen und in Streifen schneiden. Die Hühnerbrühe erwärmen, den Curry einrühren, mit dem Schneebesen die Butter unterziehen und mit Salz abschmecken.
Die Papaya- und Tomatenstreifen mit dieser Currysauce marinieren. Tomaten- und Papayastreifen vorsichtig mischen und auf vier Teller verteilen. Die frittierten Rochenflügel-Streifen dazugeben und mit Kräutern dekorieren.

## Grillierter Loup de mer mit fünf chinesischen Gewürzen, Reisnudeln, Bohnen und Blackbeans-Sauce

*240 g Loup-de-mer-Filet (Seewolf), mit Haut und ohne Gräten*
*1 TL Fünf-Gewürze-Mischung*
*Öl zum Grillen*
*200 g breite Reisnudeln*
*120 g grüne Bohnen*

### Für die Sauce:
*0,1 dl Öl*
*30 g Lauch, in feinen Würfeln*
*10 g frischer Ingwer, geraffelt*
*0,3 dl Hühnerbrühe*
*1 Knoblauchzehe, gepresst*
*10 g Blackbeans-Paste mit Knoblauch*
*10 g Tapiokamehl*

Das Fischfilet in vier gleich große Portionen teilen und darauf achten, dass alle Gräten entfernt sind. Mit der Gewürzmischung bestreuen und leicht einölen. Vor dem Anrichten grillieren; dabei soll der Fisch auf der Hautseite etwas länger garen, damit die Haut möglichst knusprig wird. Die Reisnudeln in reichlich Salzwasser kochen und abkühlen. Die Bohnen putzen, in lange Streifen schneiden, in Salzwasser kochen und abkühlen.
In einer Kasserolle Öl erhitzen, Lauchstreifen und Ingwer darin andünsten und mit der Hühnerbrühe ablöschen. Knoblauch und Blackbeans-Paste dazugeben. Das Tapiokamehl in wenig Wasser auflösen und in die Sauce einrühren. Unter ständigem Rühren aufkochen und abschmecken. Reisnudeln und Bohnen dazugeben und in der heißen Sauce erwärmen. Die Sauce mit den Nudeln, die inzwischen etwa ein Drittel der Flüssigkeit aufgesogen haben, auf Teller verteilen und den grillierten Loup darauf anrichten.

## Knuspriger Steinbutt auf Muskatbutter mit Sojabohnen-sprossen und Bohnenstreifen

*200 g Steinbuttfilet, ohne Haut und Gräten*
*30 g Butter*
*10 g Lauch, in feinen Würfeln*
*1 Messerspitze mildes Currypulver*
*Salz, Pfeffer*
*4 Won-Ton-Blätter*
*60 g grüne Bohnen*
*120 g Sojabohnensprossen*
*0,2 dl Öl zum Braten*

### Für die Sauce:
*0,2 dl Hühnerbrühe*
*ca. 1/2 Muskatnuss*
*100 g Butter*
*Salz, Pfeffer, Zitronensaft*

Das Steinbuttfilet in vier gleich große Stücke schneiden und mit Küchenpapier abtupfen. Die Butter gut verrühren, die Lauchstreifen dazugeben, mit Curry, Salz und Pfeffer abschmecken. Diese Mischung auf die Oberseite der Fischfilet-Stücke streichen. Auf jedes Stück diagonal ein Won-Ton-Blatt legen und die Ecken so einschlagen, dass der Fisch eingepackt ist. Das Öl in einer Bratpfanne erhitzen, die Filetstücke darin von beiden Seiten kross braten; die Won-Ton-Blätter müssen dabei schön knusprig werden.
Die Bohnen putzen, in feine Streifen schneiden, in Salzwasser kochen und in Eiswasser abkühlen. Die Sojabohnen-sprossen kurz blanchieren und abkühlen.
Für die Sauce die Hühnerbrühe in eine Kasserolle geben, die Muskatnuss hineinreiben, aufkochen und drei Minuten köcheln. Bei kleiner Hitze die Butter mit dem Schneebesen flockenweise einrühren, bis die Sauce bindet. Mit Salz, Pfeffer und einem Spritzer Zitronensaft abschmecken. Gemüse in einer beschichteten Pfanne erwärmen, leicht nachsalzen und in die Sauce geben. Den knusprigen Steinbutt auf der Muskatbutter anrichten.

## Grillierter Lachs mit Frühlingszwiebeln und Paprikasauce

*200 g frisches Lachsfilet*
*0,1 dl leichte Sojasauce*
*0,1 dl Öl*
*150 g Frühlingszwiebeln*
*Salz, Pfeffer*

### Für die Sauce:
*1 rote Paprika*
*1 gelbe Paprika*
*1 Tomate*
*30 g Schalotten, fein gehackt*
*30 g Butter*
*0,5 dl Sahne*
*Salz, Pfeffer, Zucker*

Für diese Zubereitung eignet sich am besten die etwas fettere Bauchseite des Lachses. Den Fisch in Streifen schneiden (12 bis 15 Zentimeter lang, zwei Zentimeter breit), aufrollen, auf einen Spieß stecken und mit Sojasauce marinieren. Vor dem Anrichten leicht einölen und von beiden Seiten so vorsichtig grillieren, dass der Fisch nicht trocken wird, sondern innen leicht glasig bleibt.
Die Frühlingszwiebeln putzen, je nach Größe vierteln oder sechsteln, in Salzwasser weich kochen und abkühlen. Vor dem Servieren in etwas Butter erwärmen, mit Salz und Pfeffer würzen.
Für die Sauce die Paprika und die Tomate schälen, entkernen und hacken. Die Schalotten in Butter andünsten, Paprika, Tomate und Sahne zugeben. Etwa fünf Minuten auf kleinem Feuer köcheln, mit Salz, Pfeffer und einer Prise Zucker abschmecken. Mit dem Stabmixer kurz durchmixen, damit die Sauce bindet und sämig wird, aber ihre »Struktur« behält.
Den grillierten Lachs mit den Zwiebeln und der Sauce anrichten.

## Dorade cantonaise

*1 Dorade, 800-1000 g*
*20 g Zuckererbsen*
*20 g Mini-Maiskolben*
*20 g Sojabohnensprossen*
*20 g Karotten*
*20 g Lauch*
*20 g grüner Spargel*
*Salz*
*4 frische Shiitake-Pilze*
*0,2 dl Sonnenblumenöl*
*1 dl leichte Sojasauce*
*0,1 dl Mirin*
*10 g Dashi-Pulver*
*1 Bund Korianderblätter*

Den Fisch schuppen, ausnehmen, gründlich waschen und auf eine Platte legen. Die geputzten Gemüse (ohne die Pilze) nach Belieben zurechtschneiden, in kochendem Salzwasser eine Minute blanchieren, abtropfen lassen, abkühlen und auf dem Fisch verteilen. Die Shiitake-Pilze dazugeben und im Dampfkorb über einem Wasserbad garen, bis sich das Fischfleisch leicht von den Gräten löst. Das dauert – je nach Größe des Fischs und Stärke der Hitze – 15 bis 20 Minuten. Das Sonnenblumenöl in einer kleinen Pfanne erhitzen, bis es raucht. Sojasauce mit Mirin und Dashi mischen und über den Fisch geben. Die Korianderblätter auf dem Fisch verteilen und mit dem rauchend heißen Öl übergießen. Beim Zerlegen und Anrichten reichlich Sauce über den Fisch geben.

*Dieses kantonesische Gericht steht stellvertretend für die vielen Variationen der Kochmethode »Garen über Dampf«. Sollten Sie keinen Dampfkorb haben, der groß genug ist, um darin zum Beispiel einen ganzen Fisch zu garen, ein Tipp: Stellen Sie eine Schüssel umgedreht in eine große Pfanne, füllen Sie Wasser ein, und stellen Sie eine Platte oder einen großen Teller mit dem Gargut auf die Schüssel, das Ganze verschließen Sie mit einem Deckel. Wichtig ist, dass der Saft, der beim Garen austritt, aufgefangen wird und nicht – wie bei vielen Dampfkochgeräten – im Wasser verloren geht.*

## Zandergratin mit chinesischen Kräutern und Gemüsereis

*240 g Zanderfilet*
*Salz*
*30 g Butter zum Braten*
*250 g Butter, 2 Eigelb*
*50 g gehackte Kräuter (Koriander,*
*Minze, Zitronengras, Petersilie)*
*1 Messerspitze mildes Currypulver*
*1 dl Hühnerbrühe*
*200 g thailändischer Parfümreis*
*60 g Gemüse-Brunoise (Lauch,*
*Schalotten, Karotten, Sellerie, Ingwer;*
*fein gewürfelt)*
*1 Messerspitze Kreuzkümmel*

Die Butter in der Küchenmaschine schaumig schlagen. Wenn sich das Volumen etwa verdoppelt hat, die Eigelb dazugeben. Kräuter, Curry und Salz unterrühren. Gut mischen und die kalte Hühnerbrühe in die Kräuterbutter einschlagen. In eine Schüssel füllen, für ca. eine Stunde in den Kühlschrank stellen und fest werden lassen.
Den Reis waschen und zusammen mit den Gemüsewürfeln und Wasser in eine Pfanne geben. (Für 200 Gramm Reis brauchen Sie 3 dl Wasser.) Mit Salz und Kreuzkümmel würzen, fünf Minuten bei starker Hitze, fünf Minuten bei reduzierter Hitze kochen und anschließend etwa 15 Minuten ziehen lassen.
Den Zander portionieren und leicht salzen. Die Butter in einer Pfanne aufschäumen, die Zanderfilets hinein geben und von beiden Seiten knusprig anbraten; innen soll der Fisch saftig und fast roh bleiben.
Den heißen Reis auf vorgewärmte Teller verteilen, die Zanderfilets darauf legen und auf jeden Fisch ein

großzügig bemessenes Stück Kräuterbutter legen. Im Salamander oder Backofen bei starker Oberhitze gratinieren.

*Das Gratinieren mit Kräuterbutter ist eine Zubereitungsart, die sich auch für Hummer, Languste, Perlhuhn und Gemüsebeilagen bestens eignet. Durch die Hühnerbrühe wird die Kräuterbutter leichter und bekömmlicher.*

## St-Pierre-Papillote mit Parfümreis und Hoi-Sin-Cremesauce

*4 St-Pierre-Medaillons à 50 g*
*Salz*
*100 g kleine grüne Linsen (ideal sind die französischen »Lentilles Vertes du Puy«)*
*20 g Gemüse, fein gehackt (Karotten, Schalotten, Sellerie, Lauch, Zucchini)*
*Schnittlauch*
*1 Tomate, geschält, entkernt und gewürfelt*
*Butter zum Andünsten*
*0,1 dl leichte Sojasauce*
*4 Reisblätter*
*8 EL thailändischer Parfümreis, gekocht*
*Frische Korianderblätter*
*1 Périgord-Trüffel (wenn vorhanden)*
*1 Eigelb*

### Für die Sauce:
*1 Schalotte, fein gehackt*
*40 g Butter*
*1 dl trockener Weißwein*
*2 dl Fischfond*

*2 dl Crème double*
*0,2 dl Noilly Prat*
*Salz, Pfeffer*
*20 g Hoi-Sin-Sauce*
*Schnittlauch*

Die Linsen nicht zu weich kochen und abschütten. Die kleinen Linsen aus Frankreich müssen nicht eingeweicht werden, normale Linsen sollte man vor dem Kochen einweichen. Das gehackte Gemüse in etwas Butter andünsten, Linsen, Tomatenwürfel und Schnittlauch dazugeben. Mit Sojasauce würzen und abkühlen lassen. Die Reisblätter auslegen, in die Mitte der Blätter je zwei Löffel kalten Parfümreis geben und darauf je ein Fisch-Medaillon platzieren. Den Fisch leicht salzen und mit dünnen Trüffelscheiben schuppenartig belegen. Ein Korianderblatt (ersatzweise Petersilie- oder Kerbelblätter nehmen) obenauf geben. Die Reisblattränder mit Eigelb bestreichen, zu halbmondförmigen Täschchen falten und die Ränder fest zusammendrücken. Ein Backblech mit Backfolie auslegen, die Papillotes

darauf legen und im 200 Grad heißen Ofen sieben Minuten backen. Für die Sauce die Schalotten in Butter andünsten, mit dem Wein ablöschen und einkochen. Den Fischfond dazugeben und um die Hälfte einkochen. Crème double und Noilly Prat angießen, würzen und ca. zehn Minuten köcheln. Hoi Sin einrühren und die Sauce mit dem Stabmixer aufmixen.
Die kochendheiße Sauce auf heiße Teller verteilen, mit etwas Schnittlauch bestreuen und die knusprig goldbraunen St-Pierre-Papillotes darauf anrichten.

*Das Rezept wird nur mit absolut frischem Fisch ein Erfolg. Der kleinste Misston im Geruch wird in der Hülle verstärkt.*

*Solche Koch-Stäbchen aus Edelstahl mit Holzgriffen sind hitzebeständig, hygienisch, handlich – und unentbehrlich, wenn man zum Beispiel Frühlingsrollen frittieren und deren Enden nicht mit Mehl verkleben will: Man hält die Rolle mit den Stäbchen im heißen Öl solange fest, bis die Hülle kross geworden ist und nicht mehr auseinander fallen kann.*

## Frittierter Loup de mer mit fünf chinesischen Gewürzen, Wintermelonengemüse und Lilienblüten

*400 g Loup-de-mer-Filet, mit Haut*
*Salz*
*Fünf-Gewürze-Mischung*
*Tempuramehl*
*Öl zum Frittieren*
*1 Wintermelone (ersatzweise Zucchini oder Salatgurke)*
*Lilienblüten, gehackt (ersatzweise Schnittlauch)*
*Shanghai-Essig, Salz*
*Knoblauch, Sesamöl*

Das Fischfilet auf der Fleischseite in einen Zentimeter breite Würfel schneiden, ohne dabei die Haut zu durchtrennen. Leicht salzen und mit der Gewürzmischung einreiben. Mit Tempuramehl sorgfältig mehlieren, jedes einzelne Quadrat muss rundum mit Mehl bestäubt sein. In 200 Grad heißem Öl schwimmend frittieren, so dass sich der Fisch zusammenrollt und außen knusprig wird. Die Wintermelone schälen, entkernen und in sehr dünne Streifen schneiden. Mit gehackten Lilienblüten, Shanghai-Essig, Salz, Knoblauch und Sesamöl marinieren. Den frittierten Fisch mit dem Gemüse anrichten.

## Kalbsbries mit Teejus und Pilzragout

*160-200 g Kalbsbries*
*1 Messerspitze Fünf-Gewürze-Mischung*
*3 dl Kalbsjus, nicht reduziert*
*1 TL Schwarzteeblätter (Earl Grey)*
*1 kleines Stück Kandiszucker*
*Salz*
*30 g Butter zum Braten*
*10 g Schalotten, gehackt*
*10 g Lauch, fein geschnitten*

*200 g gemischte Pilze der Saison (Pfifferlinge, Steinpilze, Shiitake, Champignons)*

### Für die Kartoffeln:
*200 g Kartoffeln*
*Etwas Butter*
*Salz*

Die Kartoffeln schälen und in sehr dünne Scheiben schneiden. Portionsformen gut buttern, die Kartoffeln Scheibe für Scheibe in die Formen einschichten, mit etwas Butter beträufeln und im ca. 200 Grad heißen Ofen ungefähr 15 Minuten garen. Vor dem Anrichten vorsichtig stürzen und leicht salzen. Das Kalbsbries sechs bis acht Stunden unter leicht fließendem Wasser wässern, damit alle Blutpartikel aus den Gefäßen geschwemmt werden; sie würden beim Braten grau werden und dem Bries eine unappetitliche Farbe geben.
Kalbsjus und Teeblätter in einer kleinen Kasserolle so lange köcheln, bis der Jus leicht ölig wird. Den Kandiszucker zugeben, salzen und durch ein Haarsieb passieren.
Die Hälfte der Butter in einer Teflonpfanne aufschäumen, Schalotten und Lauch darin leicht andünsten, die geputzten Pilze dazugeben und braten. Wenn die Pilze Wasser ziehen, unter Rühren weiterdünsten, bis alle Flüssigkeit verdampft ist.
Das Bries gut abtropfen lassen, in etwa acht Millimeter dicke Scheiben schneiden, mit Salz und der Fünf-Gewürze-Mischung würzen. In aufschäumender Butter von beiden Seiten braten, dabei soll das Bries innen leicht rosa bleiben.
Die Briesscheiben auf den Pilzen anrichten, großzügig mit dem Teejus nappieren und die Kartoffeln dazugeben.

## Gemüse-Tempura mit Wasabi-Mousseline

*Zucchini*
*Auberginen*
*Rote, grüne, gelbe Paprika*
*Sojabohnensprossen*
*Tempuramehl*
*Wasser, Eiweiß*
*Salz*
*Öl zum Frittieren*

### Für die Mousseline:
*10 g Wasabi-Pulver*
*100 g Mayonnaise*
*20 g Schlagsahne*

Die Zucchini waschen und in mundgerechte Scheiben schneiden. Die Auberginen schälen und in Scheiben schneiden. Die Paprika schälen, entkernen und in fünf-Millimeter-Streifen schneiden. Aus Tempuramehl mit Wasser und etwas Eiweiß einen Teig anrühren und salzen. Gemüse leicht salzen, in den Teig tauchen, gut abtropfen lassen und in 180 Grad heißem Öl frittieren.
Für die Mousseline das Wasabi-Pulver mit etwas Wasser anrühren, in die Mayonnaise geben und gut durchrühren. Die geschlagene Sahne unterziehen und – falls erforderlich – nachsalzen. Wasabi in Pulverform ist sehr bitter, darum sollte das Pulver mindestens 30 Minuten vor der Zubereitung der Sauce angerührt werden. Es verliert mit der Zeit die Bitterstoffe und entfaltet sein kräftiges Meerrettich-Aroma.

## Gemischte Gemüse auf kantonesische Art

*Spargel*
*Lauch*
*Sojabohnensprossen*
*Grüne und gelbe Zucchini*
*Olivenöl*
*Gekochter Schinken*
*Knoblauch, Ingwer*
*Hühnerbrühe*
*Salz, Sesamöl*

Spargel schälen und in Scheiben schneiden. Lauch waschen und in Scheiben schneiden. Beide Gemüse in Salzwasser vorkochen, in Eiswasser abkühlen und gut abtropfen lassen. In einer Bratpfanne oder einem Wok das Olivenöl erhitzen, alle Gemüse darin sehr heiß und kurz ansautieren. Die Hitze reduzieren. Den in Streifen geschnittenen Schinken, gepressten oder fein gehackten Knoblauch und geraffelten Ingwer dazugeben und kurz mitdünsten. Mit der Hühnerbrühe ablöschen und unter ständigem Rühren dünsten, bis alle Flüssigkeit verdampft ist. Mit Salz abschmecken und etwas Sesamöl unterrühren.

## Zucchini mit getrockneten Tomaten und Blackbeans

*Tomaten*
*Gelbe und grüne Zucchini*
*Olivenöl*
*Blackbeans-Paste mit Knoblauch*
*Hühnerbrühe*

Tomaten ungeschält halbieren, Kerne und Gehäuse entfernen. Die Tomatenhälften mit einem Küchentuch trocken tupfen, auf ein mit Olivenöl bestrichenes Backblech legen und in den ca. 80 Grad heißen Backofen schieben. Die Tomaten sollen nicht kochen, aber schrumpfen, dabei Flüssigkeit verlieren und eintrocknen (durch diese Prozedur wird das Tomatenaroma intensiviert).

Die Zucchini in Streifen (fünf Millimeter dick, fünf Zentimeter lang) schneiden. In einer Bratpfanne oder einem Wok das Olivenöl erhitzen, die Zucchini darin gut andünsten, mit Hühnerbrühe ablöschen und zugedeckt etwa zwei Minuten garen; die Streifen sollen dann knackig und etwas Hühnerbrühe noch vorhanden sein. Tomaten und Blackbeans-Knoblauch-Paste dazugeben und alles gut durchmischen.

*Wenn man wie ich ohne allzuviel Butter und mit weniger Sahne kochen möchte, braucht man andere Geschmacksträger, und da passen Gemüse, die außerdem begehrte Vitamin- und Ballaststoff-Lieferanten sind, ideal ins Konzept. Diese drei Rezept-Variationen sollen verdeutlichen, wie groß der Gemüse-Spielraum in der Küche ist. Auf Mengenangaben habe ich bewusst verzichtet, weil persönlicher Geschmack, Saisonqualität und die Art des Gerichts, mit dem die Gemüse harmonieren müssen, über die Zusammensetzung entscheiden sollen.*

*Diese chinesischen Dampfkochtöpfe gibt es in vielen Variationen. Sie stehen immer in einem Wasserbad und eignen sich zum Beispiel hervorragend zum Niedertemperaturgaren mit Dampf. Ob durch seitliche Kanäle (bei dem großen Topf) oder ein Loch in der Mitte – immer steigt der entstehende Dampf nach oben, kondensiert am Deckel und schlägt sich geschmacksverstärkend auf dem Gargut nieder.*

## Teegeräucherte Wachtelbrüste mit Hoi Sin auf Salat von Pak Choi, Sojabohnensprossen, Morcheln und Pfifferlingen

*4 Wachtelbrüste, ausgelöst*
*Pökelsalz (14 g pro Kilo Wachtelfleisch; bitte genau wiegen und berechnen, sonst wird das Fleisch zu scharf)*
*2 TL Schwarzteeblätter*
*0,3 dl Olivenöl*
*60 g Hoi-Sin-Sauce*
*4 Pak Choi*
*100 g frische Morcheln*
*100 g kleine Pfifferlinge*
*50 g Sojabohnensprossen*
*1 TL mildes Chili-Öl*
*1/2 Schalotte, fein gehackt*
*Salz, Szechuan-Pfeffer*
*Sojasauce nach Geschmack*

Die Wachtelbrüste mit Pökelsalz einreiben und im Kühlschrank 24 Stunden ziehen lassen. Zum Räuchern der Brüste einen Wok mit Deckel und Siebeinsatz bereitstellen. Den schwarzen Tee auf den Boden des Wok geben, den Siebeinsatz hineinstellen, die Wachtelbrüste darauf legen und zudecken. Den Wok erhitzen, bis sich die Teeblätter entzünden, aber nicht brennen. Wenn die Rauchentwicklung beginnt, Hitze auf ein Minimum reduzieren. Die Wachtelbrüste 15 bis 20 Minuten räuchern, herausnehmen und abkühlen lassen. Vor dem Anrichten die Brüste in etwas Olivenöl knusprig braten, aus der Pfanne nehmen, mit Hoi-Sin-Sauce bestreichen und aufschneiden. Für den Salat Pak Choi waschen und die zarten Innenblätter fein schneiden (Außenblätter zum Dekorieren verwenden). Pilze und Sojabohnensprossen putzen. Die Schalotte in etwas Oliven- und Chili-Öl andünsten, Pak Choi, Pilze und Sprossen dazugeben. Kurz sautieren (das Gemüse soll kein Wasser ziehen), mit Salz, Szechuan-Pfeffer und zwei bis drei Spritzern Sojasauce würzen. Die geräucherten Wachtelbrüste auf dem Salat anrichten und Hoi-Sin-Sauce separat dazu servieren.

## Malabar mit Parfümreis, kleinem Gemüse in Shao-Xing-Wein und Reiskruste

*4 Malabar (= Golden Snapper)-Filets*
*Salz, Pfeffer*
*100 g thailändischer Parfümreis, gekocht*
*0,1 dl Olivenöl*
*100 g Gemüse, sehr fein gewürfelt (Gurken, Zucchini, Auberginen, Karotten)*
*0,3 dl Shao Xing (Reiswein)*
*0,2 dl Hühnerbrühe*
*8 Kirschtomaten*

### Für die Reiskruste:
*100 g thailändischer Parfümreis*
*1,8 dl Wasser*
*Öl zum Einfetten und Frittieren*

Von den Fischfilets die Haut abziehen und die Seitengräte mit der Zange herausziehen. Die Filets auf der Rückenseite leicht salzen und mit dem gekochten Reis belegen. Vom Kopfende her zu einer festen Rolle aufrollen, dabei immer wieder gut zusammendrücken. Da sich der Fisch beim Garen leicht verzieht, sollte man die Enden der Rolle mit kleinen Spießen fixieren. Die Fischrolle in zwei gleich große Teile schneiden. Olivenöl erhitzen, die Gemüsewürfel darin andünsten, mit dem Wein ablöschen und leicht einkochen. Die Hühnerbrühe dazugeben und abschmecken. In eine feuerfeste Form füllen, die Fischrollen mit wenig Olivenöl bepinseln und mit den Kirschtomaten auf das Gemüse legen. In den 200 Grad heißen Ofen stellen und sieben bis zehn Minuten garen. Den Reis mit dem Wasser in einen Topf geben und kochen, bis kein Wasser mehr vorhanden und der Reis weich gekocht ist. Ein Backblech leicht mit Öl einfetten, den gekochten Reis darauf verteilen und glatt streichen. In den 80 Grad heißen Ofen schieben und zwei bis drei Stunden trocknen. Wenn der Reis steinhart und trocken ist, herausnehmen und in Stücke brechen. Vor dem Servieren in sehr heißem Öl frittieren. Er geht dabei auf wie Popcorn und schmeckt ausgezeichnet zu Gerichten mit Sauce.

## Feuilleté von Kalbsfilet, Kalbsbries und Entenstopfleber mit Wurzelgemüse und Hoi-Sin-Jus

*Ein-Zentimeter-Gemüsewürfel (Bombussprossen, Sellerie, Zucchini, Auberginen, Karotten, Kartoffeln)*
*2 dl Kalbsjus, nicht reduziert*
*1 EL Hoi-Sin-Sauce*
*4 Kalbsbriesscheiben à 15 g*
*1 Messerspitze Fünf-Gewürze-Mischung*
*Öl zum Anbraten*
*4 Kalbsfiletscheiben à 15 g*
*4 Entenstopfleberscheiben à 15 g (alle Scheiben sollten nicht dünner als ein Zentimeter sein)*
*8 Champignons de Paris, ohne Stiele*
*Salz, Pfeffer*

Die Sellerie-, Karotten- und Kartoffelwürfel in Salzwasser vorkochen; zusammen mit den anderen Gemüsewürfeln in eine feuerfeste Form legen. Kalbsjus aufkochen, mit Hoi Sin mischen und über das Gemüse gießen. Die Briesscheiben mit Salz und der Fünf-Gewürze-Mischung würzen und in heißem Öl rundum kross anbraten. Kalbsfilet- und Stopfleberscheiben mit Salz und Pfeffer würzen. Fleisch-, Leber- und Briesscheiben übereinander legen und auf das Gemüsebett setzen. Die Champignons dazugeben. Mit einem Löffel Jus nappieren, im 200 Grad heißen Ofen sieben bis zehn Minuten garen und mit frisch gekochtem Parfümreis servieren.

*Gemüse haben bei den letzten beiden Rezepten eine wichtige Funktion. Sie saugen sich mit Aroma voll, geben ihr eigenes dazu. Zusammen mit der Reiskruste oder dem frisch gekochten Parfümreis sind sie für mich zwei typische Familien-Essen; beide zählen zu den einfachen Schmorgerichten, die sich gut vorbereiten lassen.*

## Bresse-Hühnchen mit süßem Ingwer auf Reis und Orangen-Sojasauce

*2 frische Bresse-Hühnchen, ca. 800 g pro Stück*
*150 g thailändischer Parfümreis*
*1 l Hühnerbrühe*
*2 dl leichte Sojasauce*
*1 Orange*
*1 EL Melasse (Glukose)*
*10 g Schnittlauch, geschnitten*
*60 g Ingwer, mariniert*

Die Hühnerbrüstchen auslösen, dabei, wenn möglich, die Flügel an den Brüstchen lassen. Die Haut ablösen. Mit den restlichen Hühnerteilen kann die Hühnerbrühe zubereitet werden; ist Brühe vorhanden, können die Schenkel für eine andere Mahlzeit verwendet werden. Den Reis wie üblich kochen. Die Hühnerbrühe aufkochen. 0,6 Deziliter der Sojasauce, den Saft und die dünn geschälte Schale einer halben Orange dazugeben und aufkochen.

Die Hühnerbrüstchen hineinlegen und gar ziehen lassen; sie sollen innen leicht rosa bleiben. Melasse mit der restlichen Sojasauce mischen, Schnittlauch sowie den Saft und die in hauchdünne Streifen geschnittene Schale der zweiten Orangenhälfte dazugeben. Gut verrühren. Wenn die Brüstchen gar sind, aus dem Sud nehmen, gut abtropfen lassen, mit einem scharfen Messer aufschneiden und großzügig mit marinierten Ingwerscheiben füllen. Die Hühnerbrüstchen auf dem sehr heißen Reis anrichten und die kalte Orangen-Sojasauce dazu servieren.

*Weißes Geflügel ist immer so gut wie die Zubereitung. Natürlich zählt ein goldbraun gebratenes, knuspriges Hähnchen zu den konkurrenzlosen Götterspeisen. Ich mag aber auch sautiertes oder in würzigen Saucen serviertes Geflügel. Hühnerfleisch und Ingwer harmonieren wunderbar, die Kombination gehört zu meinen Geflügel-Favoriten.*

## Reh-Carpaccio mit Avocado, Wachtelei und Senfsauce

*120 g frisches Rehrückenfilet aus der Sommerjagd*
*4-8 Wachteleier*
*1 Avocado*
*Saft einer halben Zitrone*
*60 g Savora-Senf*
*30 g saure Sahne*
*Szechuan-Pfeffer nach Geschmack*

Das Rehrückenfilet parieren, dabei alle Häute und Sehnen entfernen. Das Fleisch bis zum Aufschneiden in Küchenpapier einschlagen, damit es seine Farbe behält und nicht trocken wird. Die Wachteleier drei Minuten kochen, in Eiswasser sofort abschrecken, abkühlen lassen und schälen. Die Avocado halbieren, den Kern entfernen und das Fleisch mit Zitronensaft beträufeln. Mit einem Pariser Löffel kleine Kugeln ausstechen und ebenfalls mit Zitrone beträufeln, damit sich das Fruchtfleisch nicht bräunlich verfärbt. Den Senf mit der Sahne mischen und in kleine Schalen verteilen.

Den Rehrücken mit einem scharfen Messer sehr dünn aufschneiden. Die Scheiben auf gekühlten Tellern mit den halbierten Wachteleiern und den Avocadokugeln anrichten. Je nach persönlichem Geschmack das Fleisch mit Szechuan-Pfeffer würzen und mit Senfsauce servieren.

## Rehrückensteak mit Pilzrisotto und Ingwer

*240 g Rehrückenfilet*
*0,2 dl leichte Sojasauce*
*0,1 dl Öl zum Braten*
*50 g Wildreis*
*50 g Camargue-Wildreis*
*50 g thailändischer Parfümreis*
*100 g frische Pilze der Saison (Pfifferlinge, Shiitake, Champignons de Paris, Steinpilze etc.)*
*50 g Butter*
*30 g Schalotten, gehackt*
*0,5 dl Hühnerbrühe*
*10 g Schnittlauch, geschnitten*
*20 g marinierter Ingwer, in Streifen geschnitten*
*Salz, Pfeffer*
*4 EL Kalbsjus, leicht reduziert*
*Shanghai-Essig*

Das Rehrückenfilet parieren und mit der Sojasauce rund 15 Minuten marinieren. Die drei Reissorten getrennt körnig kochen, abschütten und kalt werden lassen. Die Pilze putzen und in gleichmäßige Streifen schneiden. Die Butter in einer Pfanne aufschäumen, die Schalotten darin leicht andünsten, die Pilze dazugeben und mitdünsten. Den Reis untermischen, die Hühnerbrühe angießen und unter ständigem Rühren köcheln lassen, bis Butter, Reis und Brühe anfangen zu binden. Schnittlauch und Ingwer dazugeben, mit Salz abschmecken. Wenn erforderlich, noch etwas Hühnerbrühe nachgießen, denn der Risotto darf auf keinen Fall pappig werden.

Das Rehrückenfilet in Öl kross braten, aus der Pfanne nehmen und etwa zehn Minuten ziehen lassen. In drei bis vier Zentimeter dicke, rhombenähnliche Scheiben aufschneiden. Dazu das Filet auf beiden Seiten ganz wenig diagonal anschneiden, anschließend diagonal in vier gleich große Stücke teilen und mit dem Risotto anrichten.

Den reduzierten Kalbsjus mit Salz, Pfeffer und einem Schuss Shanghai-Essig aromatisieren und zum Rehfilet geben. Diese Mini-Sauce ist aber nicht unbedingt erforderlich, weil der Risotto bereits Flüssigkeit hat und sehr aromatisch ist.

## Pot-au-feu vom Rehrücken

*240 g Rehrückenfilet*
*120 g Gemüse, in sehr dünne Streifen geschnitten (Zuckererbsenschoten, Karotten, Sojabohnensprossen, rote Paprika, Weißes vom Lauch)*
*Knochen und Parüren vom Rehrücken*
*4 Chinakohlblätter*
*4 getrocknete Shiitake-Pilze*
*1 l Hühnerbrühe*
*Salz*

Das Rehrückenfilet parieren und mit einem scharfen Messer sehr dünn aufschneiden. Die Scheiben sternförmig auf kalten Suppentellern anordnen. Die Gemüsestreifen in Salzwasser kurz blanchieren, in Eiswasser abschrecken, abtropfen und abkühlen lassen. Die Gemüsestreifen in der Mitte der Suppenteller anordnen.

Knochen und Parüren vom Rehrücken zerkleinern und – damit die Brühe nicht trübe wird – mit kaltem Wasser abspülen. Mit Chinakohl und Pilzen in einen Topf geben, die Hühnerbrühe dazugießen und ca. 45 Minuten köcheln lassen. Von Zeit zu Zeit abschäumen und, wenn erforderlich, etwas Hühnerbrühe nachgießen. Durch ein Küchentuch vorsichtig abseihen, noch einmal aufkochen und – falls nötig – mit Salz abschmecken. Die kochendheiße Brühe direkt am Tisch über Fleischscheiben und Gemüse gießen.

*Die drei Rehrücken-Gerichte möchte ich Ihnen zum Nachkochen besonders empfehlen – aber mit einer wichtigen Anmerkung: Entgegen westlicher Gewohnheit bevorzuge ich Wild aus unseren Regionen Ende Frühjahr und im Sommer. Warum? Wie bei allen Tieren hat auch beim Wild die Nahrung großen Einfluss auf die Fleisch-Qualität. Im Frühjahr/Sommer fressen die Tiere junge Gräser und zarte Knospen, sie ernähren sich sozusagen von den Delikatessen im Wald und auf der Wiese. In die frühe Jahreszeit fällt die natürliche Ruheperiode der Tiere, auch das hat erheblichen Einfluss auf die Qualität. Es gibt einen weiteren Grund dafür, dass die von mir vorgeschlagenen Gerichte nur im Sommer wirklich gelingen: Der Fleischgeschmack verändert sich, wenn im Herbst die Brunftzeit der Tiere einsetzt. Sicher hat auch der Wildgeschmack seinen kulinarischen Reiz, er verlangt jedoch andere Zutaten und Zubereitungsarten. Ich würde dann eher Herbstfrüchte wie Kastanien und reduzierte Gewürzsaucen servieren, weil sie dem ausgeprägten Wildgeschmack Rechnung tragen.*

*Die Topf-im-Topf-Konstruktion empfiehlt sich, wenn man Fleisch – zum Beispiel die Schweineschulter für die Sülze auf Seite 56/57 – bei niedrigen Temperaturen schonend garen will. Beim »Schmoren im Wasserbad« bleibt das Fleisch trotz stundenlanger Garzeit unglaublich saftig und aromatisch.*

## Teriyaki-Steak mit Mark-Tempura und pikanter Sauce

*240 g Zwischenrippenstück (Entrecôte von bestem Rindfleisch, Bio-Kalb, US-Top-Sirloin oder Kobe-Beef)*
*Teriyaki-Sauce zum Marinieren*
*160 g Rindermark*
*10 g Schnittlauch*
*10 g Meersalz*
*50 g Tempuramehl*
*Öl zum Frittieren*
*1/2 rote Paprika*
*100 g Chinakohl*
*6 große Basilikumblätter*

*Für die Sauce:*
*0,5 dl Teriyaki-Sauce*
*0,2 dl Hühnerbrühe*
*1 TL Sesamöl*
*Saft einer Zitrone*
*Schnittlauch, geschnitten*
*1 Chilischote mit Kernen, gehackt*
*10 g Sesamsamen, geröstet*

Das Fleisch in vier gleich große Scheiben schneiden und mit der Teriyaki-Sauce marinieren. Das Rindermark wässern, in einen Zentimeter dicke Scheiben schneiden, auf beiden Seiten mit Meersalz und Schnittlauch bestreuen, etwas andrücken und kühl stellen. Vor dem Anrichten Tempuramehl mit etwas Wasser anrühren, die Markscheiben hineintauchen und in 200 Grad heißem Öl frittieren.
Paprika schälen und in feine Streifen schneiden, Chinakohl und Basilikum ebenfalls fein schneiden, die dreierlei Streifen mischen.
Für die Sauce Teriyaki, Hühnerbrühe, Sesamöl, Zitronensaft, Schnittlauch, Chilischote und Sesamsamen gut mischen. Etwas von der Sauce in vier kleine Dip-Schalen verteilen, mit der restlichen Sauce die Gemüsestreifen anmachen und auf Tellern anrichten. Das Fleisch aus der Marinade nehmen, auf den sehr heißen Grill legen und von beiden Seiten kurz garen;

das Fleisch soll nur lauwarm werden. Mit einem scharfen Messer in mundgerechte Scheiben schneiden und mit den frittierten Markscheiben auf dem Salat anrichten.

## Gebratene Toskana-Taube mit Teenudeln

*2 Toskana-Tauben, Öl zum Braten*
*1 TL Schwarzteeblätter (Earl Grey) für 1/2 Liter Wasser*
*Salz, Pfeffer*
*30 g Gemüsestreifen, hauchdünn geschnitten (Zucchini, Karotten, Lauch)*
*2 dl Kalbsfond, Kandiszucker*
*100 g weiße japanische Nudeln*

Die Tauben auslösen, die Brüste parieren, würzen und in Öl kross braten; zwei Drittel der Zeit auf der Hautseite, ein Drittel auf der Innenseite braten, damit das Fleisch durch und durch rosa wird. Die Zeit richtet sich nach der Größe der Tauben; Durchschnittswerte: etwa fünf Minuten auf der Hautseite und knapp drei Minuten auf der Fleischseite. Aus der Pfanne nehmen und zugedeckt warm stellen.
Den Tee aufbrühen, kurz ziehen lassen, durch ein feines Sieb gießen und salzen.
Die Gemüsestreifen ganz kurz in Salzwasser blanchieren und abkühlen.
Den Kalbsfond zu leicht öliger Konsistenz einkochen, mit Kandiszucker, einer Prise Salz und etwas Pfeffer würzen. Der Kandiszucker intensiviert den Geschmack und rundet die Sauce harmonisch ab. Den Tee aufkochen, die Nudeln hineingeben und im Tee weich kochen (die weißen Japan-Nudeln brauchen ungefähr drei Minuten). Den Tee abschütten, die Gemüsestreifen und etwas von dem reduzierten Kalbsfond (0,1 Deziliter)

zu den Nudeln geben, gut mischen und noch einmal abschmecken. Die Taubenbrüste auf den Nudeln anrichten und mit dem restlichen Kalbsfond nappieren.

*Die Tauben für die Fischerzunft-Küche kommen aus einem Zuchtbetrieb in der Toskana, dessen Qualität mir besonders gefällt. Die Tauben haben viel Fleisch, einen guten Geschmack, und sie sind sehr zart.*

## Geschmorte Zickleinkeule mit Lauch, Ingwer und Shiitake

*1 Zickleinkeule, 500-600 g (man kann auch Laffe oder ein anderes Zickleinstück nehmen)*
*2 Stangen Lauch*
*4 Knoblauchzehen, geschält*
*2 junge Ingwerknollen*
*12 kleine Maiskolben*
*6 Shiitake-Pilze, getrocknet*
*0,2 dl dicke Sojasauce*
*0,3 dl Hühnerbrühe*
*1 Sternanis*
*20 g Kandiszucker*
*1 EL Tapiokamehl*

Die Zickleinkeule in vier bis fünf Scheiben (wie für Osso buco) schneiden, unter sehr heißem Wasser abspülen und abtrocknen. Die gut gewaschenen Lauchstangen in Zwei-Zentimeter-Scheiben schneiden, die Knoblauchzehen halbieren, den Ingwer schälen und in Scheiben schneiden. Wenn man keinen jungen Ingwer bekommt, empfiehlt es sich, nur eine Knolle zu nehmen, da ausgewachsener Ingwer ziemlich scharf ist. Zum Schmoren braucht man zwei Pfannen mit Deckel, die ineinander passen. In die kleinere Pfanne kommen alle Zutaten, also Lauch, Knoblauch, Ingwer, Maiskolben und Shiitake-Pilze. Die Zickleinscheiben darauf legen, mit Sojasauce beträufeln und die Hühnerbrühe angießen. Sternanis und Kandiszucker zugeben und die Pfanne zudecken. In die größere Pfanne eine gefaltete Zeitung legen und fünf bis sechs Zentimeter hoch mit Wasser begießen. Die kleine Pfanne hineinstellen, auch die große Pfanne zudecken und das Ganze zum Kochen bringen. Die Hitze reduzieren und vier

bis fünf Stunden am Siedepunkt halten, dabei von Zeit zu Zeit etwas Wasser nachgießen. Wenn die Zickleinkeule vollkommen gegart ist, alle Zutaten vorsichtig aus der Sauce nehmen, auf Teller verteilen und die Zickleinscheiben darauf anrichten. Die Sauce in eine kleine Kasserolle geben, das Tapiokamehl in etwas kaltem Wasser anrühren und mit einem Schneebesen in die kochende Sauce einrühren, um sie ein wenig anzudicken. Dank Soja, Zucker und Gemüse sollte Nachwürzen überflüssig sein. Die Sauce über die Fleischscheiben geben.

*Diese Garmethode aus dem Norden Chinas spielt in meiner Küche eine wichtige Rolle. Sie kann bei der Zubereitung verschiedenster Produkte angewendet werden und ähnelt dem Niedertemperatur-Garen. Das »chinesische Schmoren« funktioniert ausgezeichnet mit Ente, Schweineschulter, Schweinshaxe und sogar mit Lamm. Die Gewürze lassen sich nach persönlichem Geschmack*

*variieren: Statt Ingwer und Anis kann man zum Beispiel eine milde Currymischung oder den in der marokkanischen Küche beliebten Kreuzkümmel nehmen.*

*Die Yamamoto-Messer schneiden exzellent, sie ermöglichen dem Profi die feinen, »glänzenden« Schnitte, die für Japans Küche typisch sind. Nachteil der Super-Messer: Sie müssen sorgfältig gepflegt, das heißt, nach jedem Gebrauch geölt (gegen Rost) und abgezogen werden. Ihre Klingen sind viel empfindlicher als westliche Edelstahl-Produkte, Knochen hacken sollte man darum mit den asiatischen Präzisions-Messern nicht.*

## Brie in Chinakohl

*200 g Brie de Meaux*
*4 Chinakohlblätter*

Den Käse in drei Zentimeter dicke Streifen schneiden. Die Kohlblätter in Salzwasser blanchieren, in Eiswasser abkühlen, auf einem Küchentuch abtropfen lassen und überlappend auslegen. Die Käsestreifen darauf so verteilen, dass man eine Roulade herstellen kann. Die Blätter aufrollen, die Enden abschneiden, die Roulade in acht gleich große Stücke schneiden und anrichten. Als Beilage empfehle ich einen kleinen Salat aus Chinakohl oder Stangensellerie mit Olivenöl und Balsamico-Essig. Diese Zubereitung schmeckt auch ausgezeichnet mit Vacherin.

## Grappa-Kartoffeln mit Taleggio

*4 mittelgroße Kartoffeln*
*0,5 dl Grappa di Moscato*
*50 g Butter*
*160 g reifer Taleggio*

Die Kartoffeln in Alufolie wickeln und im heißen Ofen garen, bis sie schön weich sind. Aus der Folie nehmen, einen Deckel abschneiden und das Kartoffelinnere etwas zerdrücken. Den Grappa über die Kartoffeln verteilen und auf jede Kartoffel ein Stückchen Butter geben. Den Käse in vier Scheiben schneiden, die Rinde entfernen und den Taleggio auf die noch heißen Kartoffeln legen.

## Tomme mit drei Aromen

*2 Waadtländer Tomme*
*0,5 dl Olivenöl zum Braten*
*50 g Schnittlauch*
*100 g Radieschen*
*20 g Kreuzkümmel*

Olivenöl erhitzen und die Käse darin von beiden Seiten braten, bis sie innen flüssig werden und sich außen eine leichte Kruste bildet. Schnittlauch fein hacken und die Radieschen in dünne Streifen schneiden. Schnittlauch, Radieschen und Kreuzkümmel in drei Häufchen auf Teller verteilen und je einen halben heißen Tomme dazugeben.

*Der Tomme ist eine Käse-Spezialität aus Kuhmilch mit weißem Schimmel: weich, rund (Durchmesser: ca. 8 Zentimeter, Dicke: ca. 2 Zentimeter) und heute leider nur noch pasteurisiert erhältlich. Man muss beim Kauf unbedingt auf gute Qualität und optimale Reife achten.*

## Blätterteiggebäck mit Wasabi-Mousse und Waadtländer Tomme

*100 g Blätterteig*
*1 Eigelb zum Bestreichen*
*1 Messerspitze Kümmel oder*
*Sesamsamen*
*50 g kalte Butter*
*100 g Magerquark*
*Salz*
*1 TL Wasabi-Pulver*
*2 Waadtländer Tomme*

Den Blätterteig zwei Millimeter dünn ausrollen und zwanzig Minuten im Kühlschrank ruhen lassen. Den kalten Teig mit Eigelb bestreichen, mit Kümmel oder Sesam bestreuen und im 180 Grad heißen Ofen 25 Minuten backen. Auskühlen lassen und mit einem Ausstecher acht runde Böden ausstechen (oder mit einem Sägemesser Quadrate oder Rhomben ausschneiden).
Butter mit der Küchenmaschine schaumig rühren; es ist wichtig, dass die Butter eiskalt ist, sonst wird sie nicht schaumig. Magerquark dazugeben, salzen, Wasabi-Pulver drüberstreuen und vorsichtig vermischen. Eine Stunde kühl stellen. Mit einem heißen Löffel von der Mousse Nocken abstechen und auf vier Blätterteigböden geben.
Den Tomme in dünne, drei Zentimeter lange Scheiben schneiden, rund um den Blätterteig verteilen und leicht andrücken. Blätterteigdeckel obenauf geben und beliebig garnieren.

## Emmentaler Toast mit Wachtelei

*100 g Emmentaler*
*100 g Gruyère*
*1 Eigelb*
*50 g Crème double*
*Salz, Pfeffer*
*2 Semmeln (oder rundes Toastbrot)*
*4 Wachteleier*

Den Käse raffeln, mit Eigelb und Sahne mischen, mit Salz und Pfeffer würzen. Die Semmeln oder das Toastbrot in fünf-Millimeter-Scheiben schneiden und im Ofen kurz toasten. Mit der Käsemasse dick bestreichen und im 180 Grad heißen Ofen fünf Minuten backen.

In einer Teflonpfanne die Wachteleier wie Spiegeleier braten (am besten ohne Fett, die Eier laufen dann nicht so stark auseinander und bleiben fester). Die Eier eventuell ausstechen und auf den warmen Käsetoast geben.

## Stilton mit Portweingelee und Käsekugeln

*300 g Stilton*
*100 g Mehl*
*100 g Butter*
*20 g Sesamsamen*
*3 Blatt Gelatine*
*0,5 dl Hühnerbrühe*
*10 g Honig*
*1 dl Portwein*
*0,5 dl Weißwein*

Vom Stilton vier Scheiben à 50 Gramm abschneiden, den restlichen Käse zerbröckeln, mit Mehl und Butter zu einer festen Masse verkneten. Kühl stellen. Nach dreißig Minuten aus dem Käseteig sechzehn gleich große Kugeln formen, in Sesam wälzen und die Samen gut andrücken. Die Kugeln auf ein Backblech legen und im 180 Grad heißen Ofen 25 Minuten backen. Diese Käsekugeln sind sehr aromatisch, schmecken jedoch nur optimal, wenn sie frisch gebacken sind und warm gegessen werden.
Für das Gelee die Gelatine in kaltem Wasser einweichen. Die Hühnerbrühe erwärmen, Honig und Gelatine hineingeben und auflösen.

*Ein Wok mit Deckel und Siebeinsatz zum Teeräuchern: Die Teeblätter kommen auf den Topfboden, die zu räuchernden Produkte auf den Einsatz. Wird der Wok erhitzt, entzünden sich die Teeblätter, brennen aber nicht, weil kaum Sauerstoff in den geschlossenen Topf eindringen kann. Bereits nach einer Minute entwickelt sich intensiver Rauch und verleiht Enten- oder Wachtelbrüsten (die nach dem Räuchern natürlich noch kurz gebraten werden müssen) ein unvergleichliches Aroma. Das Wok-Räucher-Prinzip eignet sich – mit einer klassischen Sägemehl-Mischung – auch zum à-la-minute-Fischräuchern.*

Port- und Weißwein dazugießen, in eine Schüssel füllen und in den Kühlschrank stellen, bis das Gelee schnittfest ist. Stürzen und das Gelee mit dem Messer hacken oder in Rhomben, Quadrate etc. schneiden. Die vier Stilton-Scheiben mit dem Gelee und den warmen Käsekugeln anrichten.

## Birnen-Charlotte mit Schokolade und Zimtbirnen

*4 reife Williamsbirnen*
*250 g Zucker*
*5 dl Wasser*
*0,2 dl Williamsbrand*
*0,3 dl Zuckersirup*
*0,2 dl Williamsbrand zum Beträufeln*
*100 g Erdbeermarmelade*
*250 g Bitterschokolade*
*8 dl Sahne*

### Für den Biskuitteig:
*4 Eier*
*150 g Zucker*
*0,75 dl Wasser*
*160 g Mehl*
*5 g Backpulver*
*Abgeriebene Schale einer halben Zitrone*

### Für die Zimtbirnen:
*4 kleine Birnen*
*3 dl Rotwein*
*30 g Honig*
*30 g Zucker*
*0,2 dl Rum*
*Schale einer viertel Zitrone*
*Schale einer viertel Orange*
*1 Gewürznelke*
*1 Zimtstange*

Für den Biskuitteig Eier, Zucker und Wasser cremig aufschlagen; Mehl Backpulver und abgeriebene Zitronenschale vorsichtig dazugeben und gut mischen. Die Masse auf Pergamentpapier einen halben

Zentimeter dick aufstreichen und im 230 Grad heißen Ofen acht bis zehn Minuten backen. Herausnehmen und auf mit reichlich Zucker bestreutes Pergamentpapier stürzen. Das Papier vom Backen lösen, den Teig damit wieder abdecken, ein feuchtes Tuch darüber legen und den Biskuit abkühlen lassen.
Die Williamsbirnen schälen, halbieren und die Kerngehäuse entfernen. Zucker mit Wasser und Williams aufkochen, die Birnen hineingeben, weich kochen und aus dem Sud nehmen.
Den Biskuitteig in sechs gleich große Stücke schneiden, zuerst mit Zuckersirup und Williams beträufeln, anschließend mit Erdbeermarmelade bestreichen. Die Stücke übereinander stapeln und mit einem scharfen Messer sieben bis acht Millimeter breite Streifen abschneiden. Eine beliebige Terrinenform bereitstellen, die Wände mit den Streifen auslegen und andrücken.
Die Schokolade hacken und schmelzen. Die Sahne sehr steif schlagen und mit der flüssigen Schokolade mischen. Die Birnen in Streifen schneiden, die Abschnitte reservieren. In die Terrine etwas Schokoladen-Mousse geben. Birnenstreifen darauf verteilen und wieder mit Mousse bedecken. Den Vorgang wiederholen, bis die Terrine gefüllt ist. Mit Folie abdecken und für mindestens acht Stunden (besser über Nacht) in den Kühlschrank stellen. Die Birnenabschnitte zu einer sämigen Sauce pürieren.
Für die Zimtbirnen die Früchte schälen und nach Möglichkeit den Stiel an den Birnen lassen. Rotwein mit Honig, Zucker, Rum und den Gewürzen aufkochen und die Birnen darin weich kochen.
Die gekühlte Terrine in Scheiben aufschneiden, mit der Sauce und einer kalten oder warmen Zimtbirne servieren.

## Passionsfrucht-Parfait

*2 Eigelb*
*10 g Honig*
*15 g Zucker*
*1 Eiweiß*
*15 g Zucker*
*1,25 dl Sahne*
*60 g Passionsfruchtmark (frische Passionsfrüchte halbieren und das Innere mit einem Löffel herausnehmen)*

### Zum Anrichten:
*200 g Passionsfruchtmark*
*50 g Zucker*
*Beeren und Früchte der Saison*
*1 dl Sahne*
*Mark einer halben Vanillestange*
*10 g Zucker*

Eigelb, Honig und Zucker in eine Schüssel geben und mit dem Schneebesen über heißem Wasser schaumig schlagen. Wenn die Masse hell, schaumig und cremig wird, die Schüssel in Eiswasser stellen und weiter schlagen, bis die Masse kalt ist. Eiweiß steif schlagen, den Zucker zugeben und weiter schlagen. Die Sahne steif schlagen. Das Passionsfruchtmark unter die Eigelb-Honigmasse ziehen, die geschlagene Sahne und zum Schluss das steife Eiweiß vorsichtig unterheben. Die Masse in eine Terrine oder in Portionsformen füllen und im Gefrierfach fest werden lassen.
Das Passionsfruchtmark zuckern und auf kalte Teller verteilen. Das Parfait darauf in der Mitte anrichten, mit Beeren, Früchten und der mit Vanillemark und Zucker aufgeschlagenen Sahne garnieren.

## Schokolodenbuchteln mit Gewürzpflaumen

*2 dl Milch*
*50 g Butter*
*125 g Mehl*
*20 g Zucker*
*3 Eier*
*80 g Bitterschokolade*
*250 g feste Pflaumen, die nicht zu stark verkochen*
*3 dl Rotwein*
*30 g Honig*
*100 g Zucker*
*5 g frischer Ingwer, geraffelt*
*1 Messerspitze Cayenne-Pfeffer*
*0,1 dl Rum*
*2 dl Sahne*
*Zucker nach Geschmack*
*Honig-, Zimt- oder Vanilleeis*

Milch mit der Butter aufkochen, Mehl und Zucker auf einmal (»im Sturz«) zugeben und mit einem Holzspatel so lange kräftig rühren, bis ein Teig entsteht, der nicht mehr am Topfrand klebt. Vom Herd nehmen, in eine Schüssel geben und ca. zehn Minuten auskühlen lassen. Die Eier nacheinander zugeben, nach jedem Ei so lange rühren, bis die Masse wieder bindet. Die Schokolade hacken und zum Schluss in den Teig geben. Die Masse in einen Spritzsack mit Sterntülle füllen und Buchteln auf ein gefettetes Backblech spritzen. Im 180 Grad heißen Ofen fünfzehn bis zwanzig Minuten backen und abkühlen lassen.
Die Pflaumen waschen, je nach Größe halbieren oder vierteln und entsteinen. Den Rotwein mit Honig, Zucker, Ingwer, Cayenne und Rum in einem Topf aufkochen, fünf bis zehn Minuten köcheln lassen und die Pflaumen hinein geben. Drei Minuten köcheln und in der Sauce etwas abkühlen lassen.
Die Sahne schlagen, nach Geschmack süßen und großzügig in die aufgeschnittenen Buchteln spritzen.

Die Buchteln mit den warmen Gewürzpflaumen, etwas von der Sauce und einer Kugel Honig-, Zimt- oder Vanilleeis anrichten.

## Kastanien-Mousse mit Kaki, Zimtnudeln und Honigeis

*160 g Kastanienpüree*
*80 g Vanillecreme (Grundrezept)*
*0,1 dl Kirschwasser*
*1 Blatt Gelatine*
*0,8 dl Sahne*
*2 reife Kaki*
*100 g Strudelteig*
*Mehl*
*Öl zum Frittieren*
*Puderzucker und Zimt zum Bestreuen*
*Honigeis (Grundrezept)*

Kastanienpüree, Vanillecreme und Kirschwasser in eine Schüssel geben und glatt verrühren. Gelatine in kaltem Wasser einweichen, auflösen und zum Püree geben. Die Sahne schlagen und mit einem Holzspatel vorsichtig unterziehen, die Masse soll nicht zu stark gemischt werden, sondern marmoriert bleiben. In der Schüssel glatt streichen und in den Kühlschrank stellen.
Die Kaki halbieren, das Fleisch mit einem Kaffeelöffel herausnehmen und zu einer Art dickflüssigem Kompott verrühren.
Den Strudelteig sehr dünn ausrollen, gut mehlieren, vier- bis fünfmal zusammenfalten und mit einem scharfen Messer in schmale Nudeln schneiden. Die Nudeln frittieren und dabei zu kleinen Nestern formen. Abtropfen lassen, mit Zimt und Puderzucker bestreuen.
Das Kaki-Kompott auf Teller verteilen, mit einem heißen Löffel Nocken von der Kastanien-Mousse abstechen und auf dem Kompott verteilen. Die Nudeln auf der Mousse anrichten und drei kleine Löffel Honigeis dazugeben.

## Grundrezept für die Vanillecreme

*1 l Milch*
*2 Vanillestangen*
*10 Eigelb*
*180 g Zucker*

Die Milch mit den Vanillestangen aufkochen. Eigelb und Zucker in einer Schüssel schaumig rühren. Unter ständigem Rühren die Milch nach und nach über die Eigelb gießen. In eine Kasserolle zurückgießen, erwärmen und mit einem Holzspatel rühren, bis die Flüssigkeit beim Herausziehen am Spatel hängen bleibt. In eine Schüssel geben, auf Eis stellen und schnell kalt rühren.

## Grundrezept für das Honigeis

*2 Vanillestangen*
*5 dl Milch*
*10 Eigelb*
*200 g Zucker*
*8 dl Sahne*
*150 g Honig*

Die Vanillestangen aufschneiden und das Mark mit einem Messer herauskratzen. Mark und Stangen in die Milch geben und aufkochen. Eigelb und Zucker schaumig rühren, unter Rühren in die kochende Milch geben. Die Sahne dazu gießen und zur Rose abziehen. Kalt schlagen, den Honig unterziehen und gefrieren.

*Zu diesem japanischen Gerät gehören unterschiedliche Messersätze, mit denen man Gemüse und Früchte in sehr feine Streifen schneiden kann. Apfelstreifen etwa lassen sich in solcher Geschwindigkeit und Präzision produzieren, wie sie mit keinem Messer und keiner noch so großen Fingerfertigkeit zu erreichen sind.*

## Frittierte Bananen mit Lychee-Sorbet und Vanillesahne

*2 reife Bananen*
*50 g Tempuramehl*
*Öl zum Frittieren*
*250 g Zucker*
*0,1 dl Sesamöl*
*1 dl Sahne*
*Mark einer halben Vanillestange*
*10 g Zucker*

### Für das Sorbet:
*250 g Lychees, geschält und entkernt, mit Saft*
*0,3 dl Lychee-Likör*
*200 g Zucker*
*0,2 dl Wasser*

*Schale einer Orange*
*0,1 dl Lychee-Likör*
*20 g Zucker*
*0,2 dl Wasser*

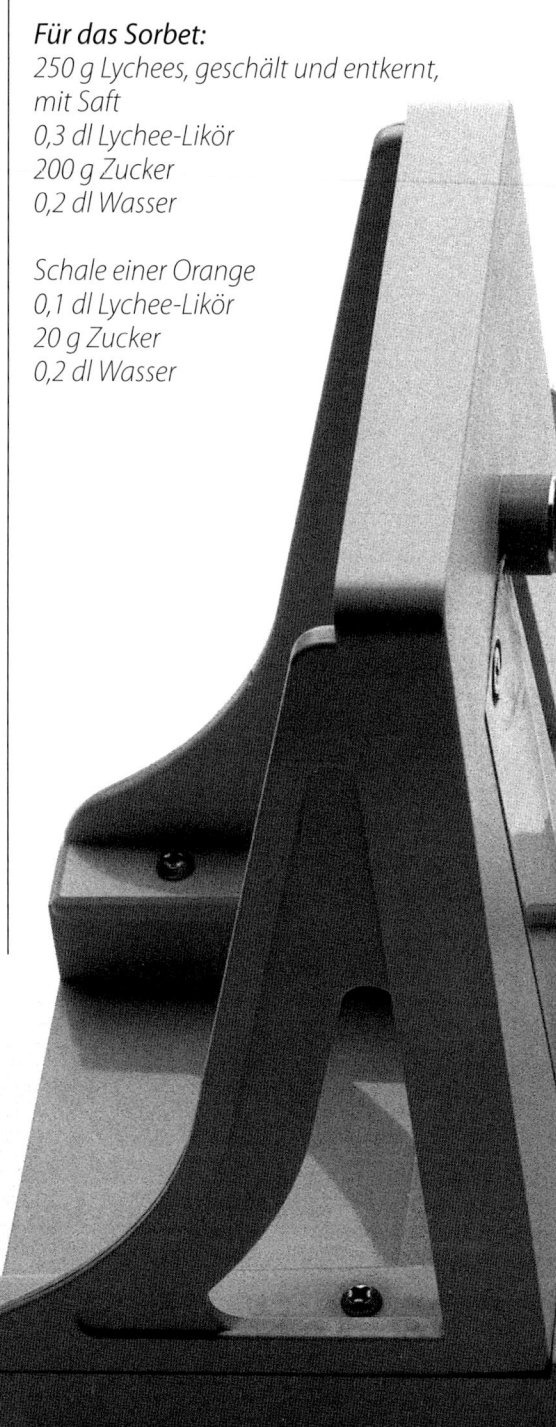

Für das Sorbet die Lychees mit ihrem Saft und dem Likör in den Mixer geben, pürieren und, wenn nötig, durch ein Sieb passieren. Zucker und Wasser kurz aufkochen, wenn der Zucker aufgelöst ist, zum Püree geben und gefrieren.

Die gewaschenen Orangenschalen in dünne Streifen schneiden. Lychee-Likör mit Zucker und Wasser aufkochen. Die Schalenstreifen hineingeben, drei bis vier Minuten köcheln und abtropfen lassen.

Die Bananen schälen und in Zwei-Zentimeter-Stücke schneiden. Das Tempuramehl mit Wasser anrühren, die Bananenstücke hineintauchen und in heißem Öl frittieren. Herausnehmen und abtropfen lassen. Zucker und Sesamöl in eine Pfanne geben, den Zucker schmelzen und karamellisieren lassen. Wenn der Zucker goldbraun ist, die Bananenstücke in dem flüssigen, heißen Zucker drehen, wieder herausnehmen, zum Abschrecken schnell in Eiswasser tauchen und abtropfen lassen. Der Zucker soll durch das Abschrecken knusprig werden, die Bananen innen weich und warm bleiben.

Die Sahne halbsteif aufschlagen, Vanillemark und Zucker dazugeben.

Das Lychee-Sorbet mit den Bananenstücken auf der Sahne anrichten und mit den Orangenstreifen garnieren.

## Apfel-Pasteten mit gebrannter Creme und Stracciatella-Eis

*200 g Blätterteig*
*20 g Puderzucker zum Karamellisieren*
*1/4 der Vanillecreme (Grundrezept)*
*1 dl Sahne*
*1/2 vom Vanilleeis (Grundrezept)*
*100 g Bitter-Schokolade*
*0,2 dl Maraschino*
*2 Äpfel*
*100 g Zucker*
*50 g Butter*
*0,5 dl Calvados*

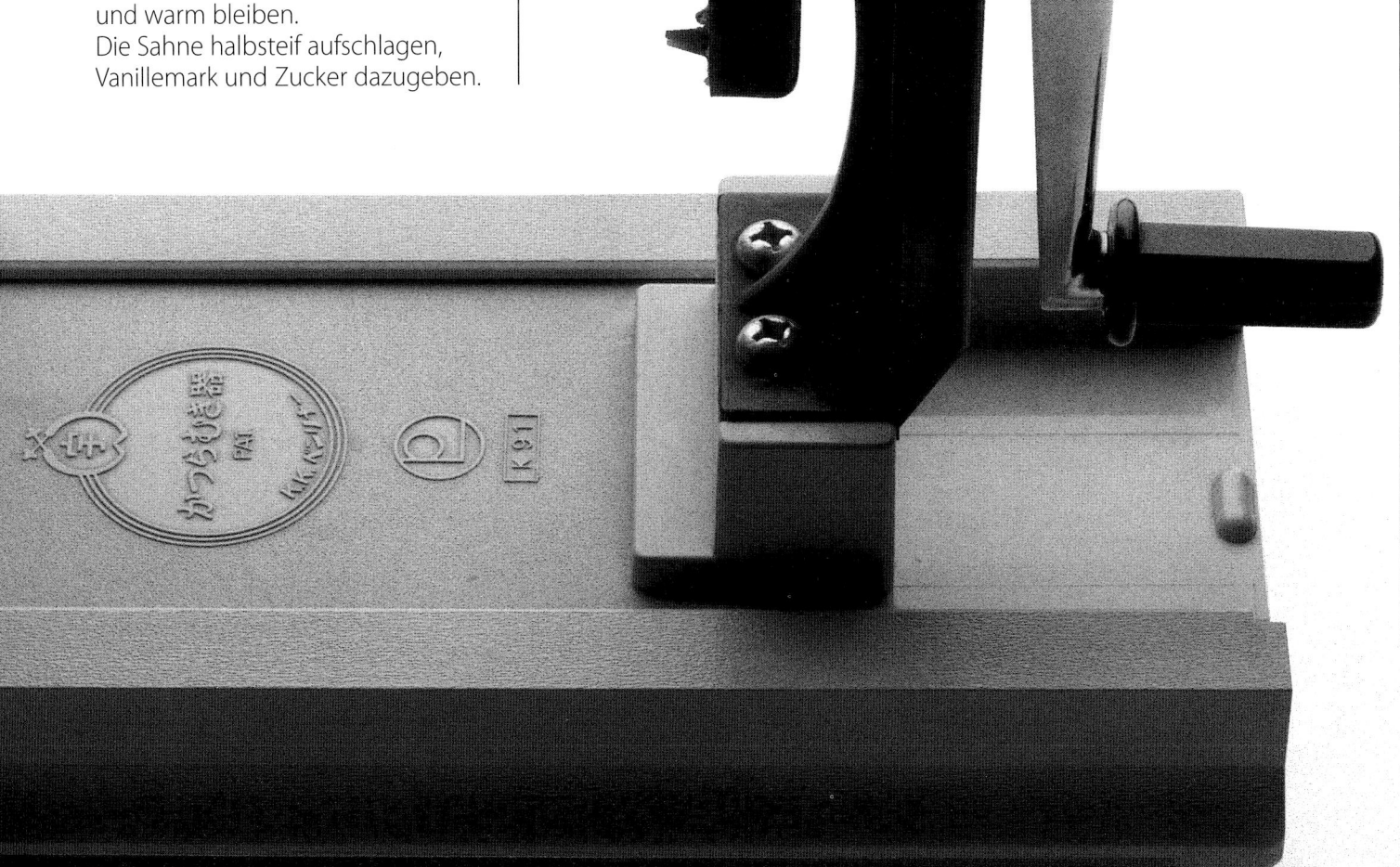

Den Blätterteig vier Millimeter dünn ausrollen, kleine Pasteten (acht Zentimeter Durchmesser) ausstechen und 30 Minuten im Kühlschrank ruhen lassen. Im 180 Grad heißen Ofen 20 Minuten backen (der Teig soll durch und durch gebacken sein). Pasteten abkühlen und einen Deckel ablösen. Die Deckel mit Puderzucker großzügig bestäuben und unter dem Salamander oder bei starker Oberhitze karamellisieren.

Den Zucker für die Vanillecreme-Grundmasse in einer Pfanne karamellisieren und die Milch separat aufkochen.

Die kochende Milch zum heißen Karamellzucker geben und kochen lassen, damit eventuelle Zuckerklümpchen sich auflösen; wie beim Grundrezept Vanillecreme fortfahren. Die Creme gut abkühlen, die Sahne schlagen und unter die Creme heben. Das Vanilleeis herstellen und gefrieren. Die Schokolade hacken und schmelzen. Wenn das Eis fast fertig ist, die flüssige Schokolade wie einen Faden in das Eis einlaufen lassen und ständig rühren, damit sehr feine Schoko-Splitter entstehen. Zum Schluss den Maraschino einrühren. Die Äpfel schälen, Kerngehäuse entfernen und die Früchte je nach Größe in acht bis zwölf Schnitze schneiden.

Für die Sauce den Zucker in einer beschichteten Pfanne karamellisieren, die Butter dazugeben und mit Calvados ablöschen. Leicht köcheln lassen, bis sich alle Zuckerklümpchen aufgelöst haben. Die Apfelstücke in die Sauce geben und kurz köcheln; sie sollen warm werden, aber Biss behalten.

Die Pasteten-Böden leicht aushöhlen, mit der gebrannten Creme füllen, eine Kugel Stracciatella-Eis und den karamellisierten Deckel dazugeben. Die Apfelstücke mit der Calvadossauce anrichten.

## Grundrezept für das Vanilleeis

*5 dl Milch*
*2 Vanillestangen*
*10 Eigelb*
*250 g Zucker*
*8 dl Sahne*

Milch mit den Vanillestangen und dem ausgekratzten Mark aufkochen. Eigelb und Zucker schaumig rühren. Unter stetem Rühren in die kochende Milch geben, die Sahne dazu gießen und zur Rose abziehen. Vom Herd nehmen, kalt schlagen und gefrieren.

## Ananas surprise

*4 Scheiben frische Ananas*
*3 dl Mango-Sorbet*
*Beeren der Saison zum Garnieren (zum*
*Beispiel Himbeeren, Brombeeren,*
*Heidelbeeren, Erdbeeren)*

### Für die Sauce:
*100 g Zucker*
*50 g Butter*
*Saft einer Orange*
*0,5 dl Cognac*
*0,5 dl Bananen-Likör*
*Schale einer Orange, in feinen Streifen*

### Für das Sorbet:
*200 g Zucker*
*0,2 dl Wasser*
*250 g reifes Mangofleisch*
*1 Spritzer Zitronensaft*

### Für den Strudelteig:
*300 g Mehl*
*1,5 dl Milch*
*1,5 dl Öl*
*1 Ei*
*Salz*
*Öl zum Frittieren*
*Puderzucker*

Für das Sorbet Zucker in Wasser auflösen und kurz aufkochen. Das Mangofleisch im Mixer pürieren und in den Zuckersirup geben. Mit Zitronensaft abschmecken und gefrieren.

Die Zutaten für den Strudelteig in eine Schüssel geben, gut vermischen und von Hand etwa fünf Minuten kneten, bis ein sehr geschmeidiger Teig entsteht. Auf einen Teller legen, mit Folie abdecken (damit keine Kruste entsteht) und mindestens dreißig Minuten im Kühlschrank ruhen lassen. Ausrollen, anschließend mit der Hand so dünn als möglich ausziehen und runde Oblaten ausstechen.

Für die Sauce in einer Pfanne den Zucker karamellisieren. Der Zucker

darf nicht verbrennen, weil er dann unangenehm bitter schmeckt. Man braucht etwas Erfahrung und Fingerspitzengefühl, um den genau richtigen Moment für die Butter-Zugabe zu erwischen: Wenn der Zucker goldbraun ist und ganz leicht zu schäumen beginnt, sofort vom Herd nehmen, die Butter zugeben und schmelzen lassen. Sie wird durch die Hitze aufschäumen und auch leicht braun karamellisieren. Danach tropfenweise den Orangensaft dazugeben. Die Ananasscheiben in die Sauce legen, den Cognac darüber gießen und und flambieren. Wenn die Flamme erloschen ist, den Bananen-Likör und die Orangenschalenstreifen zugeben und alles zusammen auf kleinem Feuer fünf Minuten köcheln lassen. Wenn der Orangensaft zu schnell zugegeben wurde, haben sich Zuckerklümpchen gebildet. Das ist jedoch kein Problem, die Klümpchen lösen sich beim Köcheln wieder auf. Die warmen Ananasscheiben mit einer Kugel Mango-Sorbet anrichten. Mit der Sauce umgießen und mit den Beeren garnieren. Die Strudelteig-Oblaten in heißem Öl frittieren, abtropfen lassen, großzügig mit Puderzucker bestreuen und auf das Sorbet legen.

## Langustinen in frittierten Nudeln auf Linsensprossen mit süß-saurer Sauce

*4 Langustinen »Royal«*
*120 g Eiernudelteig*
*Salz*
*Öl zum Frittieren*
*120 g Linsensprossen*

### Für die Sauce:
*0,1 dl roter China-Essig*
*10 g frischer Ingwer, geraffelt*
*1 Knoblauchzehe, gepresst*
*10 g Zucker, Salz*
*0,2 dl Sonnenblumenöl*

Die Langustinen ausbrechen und leicht salzen. Den Nudelteig sehr dünn ausrollen und in millimeterdünne Streifen schneiden. Beim Schneiden darauf achten, dass die Streifen nicht zu sehr durcheinander geraten. Die Langustinen in die Nudeln einwickeln. In einer kleinen Pfanne das Öl erhitzen, bis es raucht, die Langustinen hineingeben und frittieren, bis die Nudeln goldbraun und knusprig sind. Herausnehmen und abtropfen lassen.
Aus Essig, Ingwer, Knoblauch, Zucker, Salz und Öl die süß-saure Sauce anrühren und die Linsensprossen

damit anmachen. Die Nudel-Langustinen auf dem Sprossensalat anrichten.

*Meines Wissens sind Linsensprossen im Handel nicht oder nur selten erhältlich. Es ist jedoch kein Problem, die Sprossen selbst zu züchten. Dazu die Linsen kurz einweichen, in eine flache Schüssel ein feuchtes Tuch legen, die Linsen darauf streuen und mit einem zweiten feuchten Tuch zudecken. An einen dunklen Platz stellen und einmal täglich beide Tücher durch Besprühen neu befeuchten. Das Sprießen dauert je nach Jahreszeit drei bis fünf Tage. Noch einfacher ist die Prozedur mit dem »Bio-Snacky«, einem Sprossen-»Sprießgerät«, das in Bio-Läden erhältlich ist. In den runden Plexiglas-Behältern wird die Feuchtigkeit durch ein kleines Ventil reguliert, man braucht darum bei dem Verfahren weder Tücher noch Vliesstoff.*

## Teriyaki-Lachs mit Chinakohlsalat, Sesamsauce und mariniertem Ingwer

*200 g Lachs (möglichst ein Rückenstück)*
*10 g Meersalz*
*Etwas Zucker*
*0,1 dl leichte Sojasauce*
*80-100 g Chinakohl*
*20 g Feldsalat*
*40 g Ingwer, mariniert*

*Für die Sesamsauce:*
*1 TL Sesamsamen*
*0,2 dl leichte Sojasauce*
*0,2 dl Mirin*
*10 g frischer Ingwer, geraffelt*
*0,2 dl Sesamöl*

Das Lachsfilet auf beiden Seiten mit Meersalz und Zucker gleichmäßig bestreuen, im Kühlschrank 24 Stunden ziehen lassen und von Zeit zu Zeit drehen. Den Fisch aus der Lake nehmen, kurz unter kaltem Wasser abspülen und abtrocknen. Mit leichter Sojasauce marinieren. Vor dem Servieren auf dem sehr heißen Grill von beiden Seiten angrillieren. Die Zutaten für die Sesamsauce mischen und abschmecken. Chinakohl in Drei-Millimeter-Streifen schneiden, den Feldsalat zupfen, beides mischen und mit der Sesamsauce anmachen. Den Lachs in Fünf-Millimeter-Streifen schneiden und auf dem Salat anrichten. Den marinierten Ingwer in einer kleinen Schüssel dazugeben.

## Languste auf Nudelsalat mit Curry, Mango und Avocado

*4 kleine Rock-Langustenschwänze, 40-50 g pro Stück*
*Mildes Currypulver*
*Öl zum Grillieren*
*120 g feine Eiernudeln*
*1/2 Mango*
*1 Avocado*
*50 g Salatgurke*
*Geröstete Sesamsamen*

*Für die Sauce:*
*1 Eigelb*
*0,2 dl Hühnerbrühe*
*0,3 dl Sonnenblumenöl*
*10 g mildes Currypulver*
*Salz, Pfeffer, Zucker*

Die ausgelösten Langustenschwänze mit etwas Currypulver bestreuen, salzen, leicht einölen und langsam grillieren. Die Nudeln in Salzwasser kochen und abtropfen lassen. Die Mango schälen und in feine Scheiben schneiden. Die Avocado halbieren, entkernen, schälen und in Scheiben schneiden. Die Gurke schälen, halbieren, Kerne entfernen und das Fleisch in Streifen schneiden (drei Millimeter dick, drei Zentimeter lang). Für die Sauce Eigelb, Hühnerbrühe, Öl, Salz, Pfeffer und Zucker mit dem Currypulver mischen und aufmixen, bis die Zutaten binden. Etwa dreißig Minuten stehen lassen, damit die Gewürze ihr volles Aroma entfalten können. Nudeln und Gurkenstreifen mischen und auf Teller verteilen. Avocado- und Mangoscheiben dazugeben. Die grillierten Langusten darauf anrichten, großzügig mit Currysauce nappieren und mit geröstetem Sesam bestreuen.

## Teegeräucherte Entenbrust mit Hoi-Sin-Sauce, roten Linsen, Tomaten und Koriander

*2 Jungentenbrüste, ca. 150 g pro Stück*
*Pökelsalz (14 g pro Kilogramm Entenfleisch)*
*2 TL Schwarzteeblätter*
*120 g rote Linsen*
*2 Tomaten*
*0,2 dl Olivenöl*
*10 g frische Korianderblätter, gehackt*
*Salz, Pfeffer, Zucker*
*Olivenöl zum Braten*
*20 g Hoi-Sin-Sauce*
*Salate der Saison*

Die Entenbrüste mit Pökelsalz einreiben und im Kühlschrank etwa 24 Stunden ziehen lassen. Auf den Boden des Wok den Schwarztee geben, das Sieb einsetzen, die gepökelten Entenbrüste darauf legen und den Wok verschließen. Erhitzen, damit sich die Teeblätter entzünden (ohne – wegen des fehlenden Sauerstoffs – in Flammen aufzugehen) und intensiver Rauch entsteht. Die Entenbrüste 15 bis 20 Minuten räuchern. Wenn sich der Rauch entwickelt hat, Feuer reduzieren, weil bei zu großer Hitze die Entenbrüste zu stark durchgaren würden. In die Entenbrüste auf der Hautseite ein etwa fünf Millimeter breites Karo einschneiden. Öl stark erhitzen und die Brüstchen in der heißen Pfanne kross braten. Zuerst auf der Hautseite, damit diese schön knusprig wird. Nach dem Wenden die Hitze drosseln, damit das Fleisch nicht zäh werden kann. Nach dem Braten rund zehn Minuten ruhen lassen, damit sich das Fleisch entspannt und zart und saftig bleibt. Die Linsen in Salzwasser kochen, abgießen und abkühlen. Tomaten schälen, entkernen und fein schneiden. Mit Olivenöl, Koriander, Salz, Pfeffer und Zucker anmachen. Die Linsen dazugeben, so dass eine Art Kompott entsteht. Die Entenbrüste auf der Hautseite großzügig mit Hoi Sin bestreichen, in Drei-Millimeter-Scheiben aufschneiden, mit dem Linsen-Kompott und Saison-Salaten anrichten.

## Maiscremesuppe mit Forellen-Croûtons

*10 g Butter*
*10 g Schalotten, gehackt*
*10 g Lauch, geschnitten*
*300 g Maiskörner aus der Dose (mit Flüssigkeit)*
*2 dl Milch*
*2 dl Sahne*
*Zucker, Salz*
*Kerbel zum Garnieren*
*100 g Lachsforellenfilet*
*1 Messerspitze Fünf-Gewürze-Mischung*
*Mehl*
*Öl zum Frittieren*

Die Butter im Topf aufschäumen lassen, Schalotten und Lauch darin andünsten. Mais, Milch und Sahne zugeben. Rund zehn Minuten köcheln lassen, in den Mixer geben und zu einer sämigen Suppe pürieren. Mit einer Prise Zucker und Salz abschmecken.
Das Forellenfilet in Vier-Millimeter-Streifen schneiden, leicht salzen, mit der Gewürzmischung bestreuen und vorsichtig mehlieren. Vor dem Anrichten in sehr heißem Öl knusprig frittieren und zur mit Kerbel garnierten Suppe servieren.

## Zanderfilet mit Curryrahmsauce und Mango

*240 g Zanderfilet, ohne Haut und Gräten; Salz*
*5 g mildes Currypulver zum Marinieren*
*30 g Butter zum Braten*
*1/2 Banane, geschält und in Scheiben geschnitten*
*120 g thailändischer Parfümreis*
*4 dl Weißweinsauce (siehe rechts)*
*10 g mildes Currypulver für die Sauce*
*1/4 Mango, geschält und gefächert*
*100 g Mango-Chutney*

Das Zanderfilet in vier gleich große Portionen schneiden, mit Salz und Curry marinieren. Vor dem Anrichten in aufschäumender Butter von beiden Seiten braten, am Ende der Bratzeit die mit etwas Curry gewürzten Bananenscheiben zugeben und ebenfalls beidseitig braten.
Den Reis kochen und bis zum Servieren warm halten.
Die Weißweinsauce aufkochen, den Curry hineingeben und etwa fünf Minuten köcheln lassen. Abschmecken und, wenn erforderlich, mit etwas Hühnerbrühe verdünnen. Vor dem Anrichten kurz aufmixen.
Das Zanderfilet mit den Bananenscheiben auf der Currysauce anrichten, Reis, Mangofächer und Mango-Chutney dazugeben. Mit frischen Gartenkräutern garnieren.

## Lachsforellenfilet mit fünf chinesischen Gewürzen, Lauch, Cremesauce und Strohkartoffeln

*240 g Lachsforellenfilet, ohne Haut und Gräten*
*10 g Fünf-Gewürze-Mischung*
*Salz*
*30 g Butter zum Braten*
*200 g Lauch*
*1 große Kartoffel*
*Öl zum Frittieren*

*Für die Weißweinsauce:*
*1 Schalotte, fein gehackt*
*30 g Lauch, fein gehackt*
*Butter zum Andünsten*
*1 dl Weißwein*
*100 g Champignons de Paris, in Scheiben*
*3 dl Fischfond*
*5 dl Sahne*
*Salz, Pfeffer, Zitronensaft*

Das Forellenfilet in einen Zentimeter dicke Scheiben schneiden, mit der Gewürzmischung und Salz marinieren. Vor dem Anrichten in aufschäumender Butter von beiden Seiten kurz braten und auf einem Küchentuch abtropfen lassen.
Lauch waschen, in Scheiben schneiden, in Salzwasser kochen, abgießen, abschrecken und abtropfen lassen. Vor dem Anrichten in Butter erwärmen, mit Salz und Pfeffer würzen.
Die Kartoffel schälen und mit einem Gemüsehobel in Zwei-Millimeter-Streifen schneiden. Gut wässern, damit die Kartoffelstärke ausgeschwemmt wird und die Streifen beim Frittieren knusprig werden (und nicht zusammenkleben). Die Kartoffeln vor dem Anrichten frittieren, abtropfen lassen, mit Salz und der Gewürzmischung abschmecken.
Für die Sauce Schalotten und Lauch in Butter andünsten, mit Weißwein ablöschen und die Flüssigkeit vollkommen einkochen. Die Pilze dazugeben, den Fischfond angießen und um zwei Drittel reduzieren. Die Sahne zugießen und etwa zwanzig Minuten sanft köcheln lassen; dabei von Zeit zu Zeit abschäumen. Gut durchmixen, passieren, mit Salz, Pfeffer und Zitrone abschmecken.
Das Lauchgemüse auf heiße Teller verteilen, den Fisch und die Strohkartoffeln darauf anrichten und mit der Cremesauce umgießen.

*Das großformatige chinesische Stövchen wird mit Holzkohle beheizt und ist ein praktisches Allzweck-Utensil: Es eignet sich zum Grillen, zum Kochen mit Wok oder Lehmtopf und zum Warmhalten von Speisen. Die klassische »Feuerstelle« ist – zusammen mit dem Allround-Gerät Wok – fast eine komplette, wenn auch sehr einfache Küche.*

## Currycremesuppe mit Gemüse-Frühlingsrolle

*20 g Butter*
*30 g Schalotten, gewürfelt*
*30 g Lauch, gewürfelt*
*15 g mildes Currypulver*
*1/2 Apfel, gewürfelt*
*1/2 Banane, gewürfelt*
*50 g Mango, gewürfelt*
*1 Messerspitze Knoblauch, gepresst*
*5 dl Hühnerbrühe*
*5 dl Sahne*
*Salz, Pfeffer*

*Für die Frühlingsrollen:*
*4 kleine Frühlingsrollen-Blätter*
*10 g Lauch*
*30 g Bambussprossen*
*10 g Erbsen*
*30 g Sojabohnensprossen*
*10 g Maiskörner*
*Butter*
*1 Messerspitze mildes Currypulver*
*Salz, Zucker, Öl zum Frittieren*

Die Butter aufschäumen, Lauch- und Schalottenwürfel andünsten. Mit Curry bestäuben, die gewürfelten Früchte und den Knoblauch dazugeben. Kurz dünsten, mit der Hühnerbrühe ablöschen und die Sahne dazugeben. Zehn bis fünfzehn Minuten sanft köcheln lassen, gut durchmixen, mit Salz und Pfeffer abschmecken. Sollte die Suppe zu dick geworden sein, mit etwas Hühnerbrühe verdünnen.
Für die Füllung der Frühlingsrollen Lauch und Bambussprossen in Ein-Millimeter-Streifen schneiden, Erbsen und Mais grob hacken. Etwas Butter schmelzen, Lauch und Bambusstreifen hineingeben. Mit Curry würzen, Sojabohnensprossen, Mais und Erbsen dazugeben, mit Salz und Zucker abschmecken. Abkühlen lassen und mit der kalten Mischung die Frühlingsrollen füllen. Frittieren und halbiert zur frisch aufgemixten Suppe servieren.

## Seeteufel auf Cremesauce mit Lychees, Paprika und Shanghai-Balsamico-Essig

*240 g Seeteufelfilet, ohne Haut*
*Salz*
*Butter zum Braten*
*16 Lychees (ersatzweise Rambutan)*
*1/4 rote Paprika, geschält und ohne Kerne*
*3 dl Weißweinsauce (siehe »Lachsforellenfilet mit Cremesauce«)*
*0,1 dl Shanghai-Balsamico-Essig*
*120 g thailändischer Parfümreis, gekocht*
*12-16 Cashew-Nüsse, gesalzen und geröstet*

Den Seeteufel in vier gleich große, dicke Stücke (»Steaks«) schneiden, salzen und in aufschäumender Butter glasig braten.
Vier Lychees zum Garnieren zurückbehalten, die restlichen Früchte schälen, entkernen und in Streifen schneiden. Die Paprika in sehr dünne, drei bis vier Zentimeter lange Streifen schneiden. Die Weißweinsauce aufkochen, Essig, Lychee- und Paprikastreifen hineingeben und etwa zehn Minuten sanft köcheln lassen, damit der Essig etwas Säure verliert und Lychees wie Paprika ihr Aroma entfalten können. Die Sauce mit Salz abschmecken.
Den gekochten Reis auf Teller verteilen und den Fisch mit der Sauce dazu anrichten. Mit den Cashew-Nüssen garnieren.

## Kalbsfilet im Reismantel mit Kressenudeln und Linsen-Cremesauce

*320 g Kalbsfilet*
*Salz*
*Sonnenblumenöl*
*4 Shiitake-Pilze, getrocknet*
*30 g Sojabohnensprossen*
*20 g Schalotten, gehackt*
*1 Messerspitze frischer Ingwer, geraffelt*
*100 g thailändischer Parfümreis, gekocht*
*0,1 dl Sesamöl*
*4 große Chinakohlblätter*
*Frisches Schweinenetz*
*150 g feine Eiernudeln*
*30 g Butter*
*0,2 dl Hühnerbrühe*
*30 g Gartenkresse*

### Für die Sauce:

*20 g Bauernspeck, gepökelt und geräuchert; ca. sechs Wochen alt*
*20 g Schalotten, gehackt*
*Butter zum Andünsten*
*30 g Linsen, gekocht*
*2 dl Sahne*
*1 TL Sesamöl*
*Salz, Pfeffer*

Das Kalbsfilet in vier gleich große Stücke teilen, leicht salzen, in sehr heißem Öl kurz anbraten und abkühlen lassen.
Die Shiitake-Pilze einweichen, weich kochen, abschütten und abkühlen. Stiele entfernen und die Pilze in Scheiben schneiden. In einer beschichteten Pfanne Sojabohnensprossen, Schalotten, Pilze, Ingwer und Reis in etwas Sonnenblumenöl andünsten. Sesamöl zugeben, salzen und abkühlen lassen.
Die Kohlblätter in Salzwasser blanchieren, in Eiswasser abkühlen und gut trocknen. Die Reis-Mischung auf die vier Blätter gleichmäßig verteilen, die Kalbsfiletstücke auf die Füllung legen und behutsam so einpacken, dass das Fleisch von Reis

und Kohl vollkommen umhüllt wird. Überstehende Blattenden abschneiden und die »Krautwickel« in Schweinenetz einpacken. Auf ein gefettetes Backblech legen und im auf 200 Grad vorgeheizten Ofen sieben Minuten garen. Herausnehmen und fünf Minuten ziehen lassen.
Die Nudeln in Salzwasser kochen, abschütten und abkühlen. Butter und Hühnerbrühe in einer kleinen Kasserolle aufkochen, die Nudeln darin vor dem Anrichten erwärmen und die Kresse dazugeben. Gut durchmischen und mit Salz abschmecken.
Für die Sauce den Speck in kleine Würfel schneiden und mit den Schalotten in wenig Butter andünsten. Die Linsen dazugeben und mit der Sahne aufgießen. Sesamöl einrühren, salzen und fünf Minuten köcheln lassen. Kurz mixen, damit die Sauce Bindung bekommt, die Linsen aber möglichst ganz bleiben und nicht püriert werden.
Die Kalbsfilet-»Wickel« halbieren und mit den Kressenudeln auf der Sauce anrichten.

## Lammrücken-Medaillons mit Curry und kantonesischem Gemüse

*320 g Lammrückenfilet*
*Currypulver*
*Öl zum Braten*
*30 g Lauch*
*30 g Zuckererbsen*
*30 g Sojabohnensprossen*
*30 g Pilze (Pfifferlinge, Shiitake etc.)*
*Öl zum Andünsten*
*10 g frischer Ingwer, geraffelt*
*1 Messerspitze Knoblauch*
*10 g gekochter Schinken, in Streifen*
*0,1 dl Sesamöl*
*Salz, Pfeffer*

### Für die Sauce:

*30 g Schalotten*
*30 g Lauch*
*30 g Karotten*
*30 g Sellerie*
*30 g Mango*
*30 g Äpfel*
*30 g Bananen*
*50 g Kokosflocken*
*15 g Madras-Currypulver*
*50 g Butter*
*3 dl Hühnerbrühe*
*2 dl Sahne*
*Salz, Pfeffer, Chili*

Gemüse und Obst für die Sauce fein hacken, zusammen mit Kokosflocken und Curry in

*Der Mongolian Hotpot ist ein uraltes, originelles Tisch-Kochgerät: In den unteren Teil des Topfes kommt glühende Holzkohle, in den oberen Teil kochende Hühnerbrühe. In der heißen Brühe garen sich die Gäste Fisch, Fleisch oder Krustentiere à la minute, und bevor der konzentrierte Sud am Ende genussvoll ausgelöffelt werden darf, wird er mit Glasnudeln und Gemüse vervollständigt.*

aufschäumender Butter kurz andünsten. Mit der Hühnerbrühe ablöschen, die Sahne angießen und bei milder Hitze zehn Minuten köcheln lassen. Mit Salz, Pfeffer und – je nach persönlichem Geschmack – Chilli abschmecken.

Das Fleisch in Medaillons schneiden und mit Curry ringsum »pudern«, leicht salzen, in heißem Öl schnell kross braten und zwei bis drei Minuten ziehen lassen. Das Fleisch soll eine schöne Kruste haben, aber innen gut rosa bleiben.

Zuckererbsen, Lauch und Sojabohnensprossen vorbereiten, in Salzwasser kochen, abschütten und abkühlen. Die Pilze putzen und je nach Größe halbieren oder vierteln. In einer Bratpfanne Öl erhitzen, Ingwer, Knoblauch, Schinken und Pilze hineingeben und andünsten. Die Gemüse dazugeben, das Sesamöl unterrühren und abschmecken. Das Fleisch mit dem Gemüse und der Currysauce anrichten.

## Jungentenbrust mit Lauch, Maisküchlein und Anisjus

*2 Jungentenbrüste, ca. 150-200 g pro Stück*
*0,2 dl leichte Sojasauce*
*Mehl zum Bestäuben*
*10 g Fünf-Gewürze-Mischung*
*Öl zum Braten*
*200 g Lauch*
*1 Tomate*
*0,1 dl Hühnerbrühe*
*30 g Butter*
*Salz, Muskatnuss*

### Für die Maisküchlein:
*200 g Mais aus der Dose*
*1 Ei*
*10 g Mehl*
*20 g Butter zum Braten*

### Für die Sauce:
*3 dl Kalbsjus*
*10 g Sternanis, im Ganzen*
*Salz, Zucker*

Von den Entenbrüsten die Haut ablösen und in Drei-Millimeter-Streifen schneiden. Entenbrüste mit einem scharfen Messer in dünne Scheiben (drei Millimeter) schneiden und mit der Sojasauce marinieren. Vor dem Anrichten aus der Marinade nehmen, trocken tupfen, mit Mehl und der Gewürzmischung bestäuben. Mit der flachen Hand etwas klopfen und in heißem Öl von beiden Seiten schnell kross braten. Auf einem Küchentuch abtropfen lassen.

Lauch waschen, in Scheiben schneiden, in Salzwasser kochen, abgießen und abkühlen. Tomate enthäuten, entkernen und das Fruchtfleisch in kleine Würfel schneiden.

Hühnerbrühe und Butter in einer Pfanne erwärmen, mit dem Schneebesen verrühren, mit Salz und frisch geriebener Muskatnuss würzen. Lauch und Tomatenwürfel hineingeben und erwärmen.

Maiskörner, Ei und Mehl in eine Schüssel geben und mixen, bis eine leichte Bindung entsteht. Nicht fein pürieren, die Maiskörner sollen ihre Struktur behalten. In einer Teflonpfanne etwas Butter schmelzen und darin acht Maisküchlein von beiden Seiten goldbraun braten.

Für die Sauce Kalbsjus mit Sternanis einkochen, bis eine leicht ölige Konsistenz erreicht ist. Anis herausnehmen und den Jus mit Salz und einer Prise Zucker abschmecken. Die Entenhautstreifen in heißem Öl knusprig ausbacken.

Die Entenbrustscheiben auf dem Gemüse anrichten, mit dem Anisjus nappieren, die Maisküchlein und Entenhautstreifen dazugeben.

# Die Rezepte von A bis Z